Unrechtsstaat DDR

Europäische Hochschulschriften

European University Studies

Publications Universitaires Européennes

Reihe III	**Geschichte und ihre Hilfswissenschaften**
Series III	History and Allied Studies
Série III	Histoire et sciences auxiliaires

Band/Volume **1096**

Robert Hansack

Unrechtsstaat DDR

Zur Genesis des Terminus politicus
Unrechtsstaates nach der Transformation 1989

Versuch einer historischen Bestandsaufnahme

PL ACADEMIC RESEARCH

Bibliografische Information der Deutschen Nationalbibliothek
Die Deutsche Nationalbibliothek verzeichnet diese Publikation in der Deutschen Nationalbibliografie; detaillierte bibliografische Daten sind im Internet über http://dnb.d-nb.de abrufbar.

ISSN 0531-7320
ISBN 978-3-631-66429-2 (Print)
E-ISBN 978-3-653-05581-8 (E-Book)
DOI 10.3726/978-3-653-05581-8

PL Academic Research ist ein Imprint der Peter Lang GmbH.
Peter Lang – Frankfurt am Main · Bern · Bruxelles · New York · Oxford · Warszawa · Wien

Diese Publikation wurde begutachtet.

www.peterlang.com

Gewidmet meiner Großmama
Hildegard

1928 – 2013

Danksagungen

Denjenigen Personen, die zur Entstehung dieser Arbeit durch Anregung, Förderung und Kritik beigetragen haben, soll an dieser Stelle mein Dank ausgesprochen werden.

Für die im Zuge dieser Arbeit stimulierenden und gewinnbringenden Gedanken danke ich insbesondere Herrn Prof. Dr. Mario Keßler, der die Arbeit wohlwollend begleitete. Herrn Prof. Dr. Helmut Peitsch und seinem Forschungs-Kolloquium ‚Literarische Vergangenheitsbewältigung' im Ost-West-Vergleich für die wichtigen Hinweise und die unterstützenden Informationen. Herrn Dr. Günter Kolende mit seiner konstruktiven Kritik und seinem Rat, für die offenen und hilfreichen Gedanken sowie meiner Schwester Sylwia Mata, der ich mehr als nur in dieser Hinsicht zu Dank verpflichtet bin, für ihre offenen Ohren und ihre Geduld des Zuhörens, für das Korrekturlesen und die mein Vorhaben mit Interesse förderte.

Potsdam, im Dezember 2013 Robert Hansack

Inhaltsverzeichnis

1. Einleitung

Kaum ein anderes Charakteristikum zur politisch-historischen Kennzeichnung des 1989 zerfallenen DDR-Regimes hat in den letzten 20 Jahren die geschichtspolitische Debatte der Bundesrepublik Deutschland so widersprüchlich, nachhaltig und zum Teil durch unterschiedliche Ost- und Westerfahrungen im geteilten Deutschland nach 1945 emotional geprägt wie der Terminus politicus *DDR-Unrechtsstaat*.

Wie polarisierend dieser Begriff sein kann, wird daran deutlich, dass er gleichermaßen unter Historikern wie Juristen umstritten ist. Eine wissenschaftlich haltbare Definition des Terminus kann bislang weder von der Rechtswissenschaft noch von den Sozial- und Geisteswissenschaften geboten werden. Doch nicht nur diese beiden Fachrichtungen sind sich darüber uneins. Auch die politologische Sicht ist in diesem Disput eingebunden. Nach wie vor findet sich die Applizierung des Konträren „Rechtsstaat – Unrechtsstaat" in den politischen Diskussionen. Die erzielte Absicht ist dabei, die politische Ordnung dieses Staates, der als *Unrechtsstaat* stigmatisiert wird, von einem rechtsstaatlich gegliederten System zu distanzieren und moralisch zu deklassieren. Da die Anwendung des Terminus *DDR-Unrechtsstaats* mit seinen unklaren Konturen bis in die aktuelle öffentliche und wissenschaftliche Debatte hinreicht, stellen sich für den Historiker u. a. solche Fragen: Worauf beruht ein solches Beharrungsvermögen, ihn als Matrize im Spektrum der sozialwissenschaftlichen, juristischen und historischen Aufarbeitung der DDR-Vergangenheit immer wieder zu kolportieren bzw. zu thematisieren? Inwiefern wurde in diesem Zeitraum nach 1989 diese begriffliche Zuordnung für das DDR-Regime argumentativ und beweisführend untersetzt und reichen die erforschten bzw. erarbeiteten Belege der verschiedenen Institutionen aus, um sich einem vorherrschenden *Mainstream* zu entziehen? Es kann nicht die Aufgabe des Autors sein, alle diese Subjekte zu erfassen, die sich mit wechselnden Absichten und Pragmatiken dieser Charakterisierung des DDR-Staates bedienten. Doch auf einen Exkurs zu deren Entstehung bereits vor 1989 und ihrer „konjunkturellen" Anwendung (siehe Kapitel 4) bzw. Instrumentalisierung in der Zeit des Kalten Krieges (Stichwort Halstein Doktrin / Abgrenzung DDR und Zone) kann in diesem Rahmen nicht verzichtet werden. Inwiefern treffen diese Aussagen zu?

Das Problem mit der DDR-Geschichte ist die Instrumentalisierbarkeit, die zugleich auch ein Problem des Geschichtsgegenstandes der Zeitgeschichte ist. Zu viele Interessengruppen sind mit dieser Thematik beschäftigt. Dabei kollidieren sehr häufig die fachwissenschaftlichen Prinzipien der Historiker mit denen von Politikern, Parteien und Interessengruppen sowie Opferverbänden in den neuen Bundesländern. Dieses führt dazu, dass die DDR vorrangig nur als politisches System gesehen und nicht aus der historiographischen Entstehung betrachtet wird. Die Aufgabe des Zeithistorikers ist es aber, diese Zusammenhänge aufzuzeigen. Denn die Entwicklung der DDR wie auch die der BRD ist nicht nur aus der Geschichte des 20. Jahrhunderts im Allgemeinen, sondern im historischen Kontext der deutschen Nachkriegszeit im Besonderen zu erklären. Wird dagegen die DDR-Vergangenheit und ihre Analyse in die Folie politologischer Kategorien eingeengt, bleibt das Vorhaben einer klaren historischen Charakterisierung des DDR-Staates in einer Einseitigkeit stecken. Auch ein Blick auf die juristische Kontextualisierung dieses Terminus zeigt, dass bis in die jüngste Zeit kaum definitorische Veränderungsversuche bzw. Modifizierungen dieses Terminus auszumachen sind. Ein Grund für diese Erscheinung liegt in der bundesrepublikanischen politischen Philosophie seit Anbeginn ihrer Entstehung 1949[1] und macht in der Rückbetrachtung parteipolitisch geprägte Ambivalenzen deutlich. Zu fragen bleibt, woran es liegt, dass sich diese Ambivalenzen nicht ändern, die in der Adenauerzeit entstanden und noch zur Zeit Helmut Kohls vorhanden waren? Dabei sind in den letzten zwanzig Jahren terminologische Entwicklungen zur Überwindung einer dogmatischen Starre bei der Charakterisierung des DDR-Systems zu verzeichnen.

Zur Bestandsaufnahme dieser Systemcharakterisierung zählt, dass es zum einen nach über zwei Jahrzehnten zu einem nachlassenden Interesse gekommen ist und zum anderen diese Thematik nach wie vor in der öffentlichen und wissenschaftlichen Auseinandersetzung umstritten bleibt. Umstritten

---

1 Hierbei waren die Bestrebungen der französischen Revolution von Freiheit und Gleichheit sowie die Beeinflussung für das moderne Demokratieverständnis maßgebend und für die Alliierten bindend gewesen für den deutschen Nachkriegsstaat und der Verfassung. In der Sowjetzone galt dies zunächst auch, doch griffen die Kommunisten in diese durch die Verfassungsreformen 1968 unter Ulbricht und 1974 unter Honecker ein und bildeten somit eine Angreifbarkeit.

insofern, wenn es um die einseitige Bezeichnung der DDR als *Unrechtsstaat* geht. Denn nach wie vor kommt es zu widersprüchlichen Meinungen und Ansichten, die häufig emotional begleitet werden mit polarisierenden Folgen in der politischen und historischen Debatte. Eine sachliche Beschäftigung wurde in der politischen Diskussion immer dann begrenzt, wenn die DDR-Vergangenheit nur aus der Sicht einer bestimmten Opferperspektive wahrgenommen wird, mit Auswirkung sowohl auf die wissenschaftliche als auch auf die publizistische Perzeption. Denn anlässlich erinnerungswürdiger politischer Jubiläen überdeckt diese Aufmerksamkeit, die durch die Printmedien oder des Fernsehens auf Publikationen oder Dokumentationen gelenkt wird, das nachlassende Interesse. Jedoch schwingt bei dieser kampagnenhaften medialen Aufmerksamkeit stets eine negative Präsenz mit.[2]

Ein Grund für diese Entwicklung ist die zunehmende und emotionale gefärbte Distanz sowohl von den Objekten der Repression als auch von dem einst existierenden Staat, der zusehends als etwas längst Vergangenes betrachtet wird. Doch ungeachtet dessen gibt es eine recht erfolgreiche DDR-Forschung, wie u. a. im Institut für Zeitgeschichte München und im Zentrum für Zeithistorische Forschung Potsdam. Diese Forschung ist dem Pluralismus und einer Methodenvielfalt verpflichtet und birgt dementsprechend auch die Voraussetzungen in sich, eine solide Weiterentwicklung dieses Forschungsgegenstandes zu gewährleisten. Mit ähnlichen wissenschaftlichen Ambitionen sind auch die BStU-Behörde und das Hannah-Arendt-Institut nach 1989 angetreten.[3]

Hinsichtlich dieser wissenschaftlichen Ausrichtungen ist zu konstatieren, dass es einerseits zu dem hier genannten Gegenstand im Lehrbetrieb der Universitäten nicht nur eine ungleiche Verteilung gibt, sondern sich auch andererseits eine signifikante nord-ostdeutsche Regionalisierung der

---

2 Vgl. Konrad H. Jarausch: Die Zukunft der ostdeutschen Vergangenheit – Was wird aus der DDR-Geschichte?, In: Jens Hüttmann, Ulrich Mählert, Peer Pasternack (Hrsg.): DDR-Geschichte vermitteln. Ansätze und Erfahrungen in Unterricht, Hochschullehre und politischer Bildung, Berlin 2004, S. 82.

3 Vgl. Ulrich Mählert (Hrsg.): Vademekum DDR-Forschung. Ein Leitfaden zu Archiven, Forschungsinstituten, Bibliotheken, Einrichtungen der politischen Bildung, Vereinen, Museen und Gedenkstätten, Berlin 2002, S. 7 sowie Axel Schildt: Zeitgeschichte der „Berliner Republik“, In: APuZ 1–3 (2012), S. 3–8, hier S. 4, Spalte 2.

Beschäftigung mit der DDR herausbildete.[4] Außerdem muss konstatiert werden, dass renommierte Autoren wie Hans-Peter Schwarz in den Entwicklungen der fünf Jahrzehnte währenden Zeitgeschichtsschreibung die DDR kaum einer Berücksichtigung würdigt oder Hans-Ulrich Wehler die DDR als „sowjetische Satrapie" bezeichnet und damit das Bild der DDR verzerrt.[5]

Ausgehend von dieser skizzierten Lage eines publizistischen, juristischen und historischen Umganges mit der DDR-Vergangenheit, in dem schon auf eine Vielzahl von Widersprüchen sowie Schnittmengen aufmerksam gemacht wurde, geht es in dieser Darstellung vorrangig darum, einen Weg zwischen wissenschaftshistorischem, diskursanalytischem und einem multiperspektivischen[6] Zusammenhang aufzuzeigen.

Zu einem weiteren Anliegen des Verfassers im Rahmen dieser Thematik gehört, die verschiedenen gegenwärtigen und differenzierten Ansichten darzustellen. Wie problematisch die Bezeichnung *DDR-Unrechtsstaat* nicht nur im wissenschaftlichen Disput, sondern auch in der öffentlichen Auseinandersetzung sein kann, lässt sich anhand von fünf verschiedenen Perspektiven, die dazu angelegt sind, eine Deutungshoheit über die DDR-Vergangenheit öffentlich als auch politisch durchzusetzen, darlegen bzw. verdeutlichen.[7] Eine dieser Sichtweisen ist bei den *Opferverbänden*

---

4 Peer Pasternack: Gelehrte DDR. Die DDR als Gegenstand der Lehre an deutschen Universitäten 1990–2000. Hrsg. von HoF Wittenberg, Wittenberg 2001, S. 65 ff.

5 Vgl. Hans-Peter Schwarz: Die neueste Zeitgeschichte. „Geschichte schreiben während sie noch qualmt", In: VfZ 51 (2003), S. 5–28; Hans-Ulrich Wehler: Deutsche Gesellschaftsgeschichte. Bundesrepublik Deutschland und DDR 1949–1990, Bd. 5, München 2008, S. XV und 354 ff. Die wissenschaftliche Kontroverse, die Wehler dadurch auslöste, wurde dokumentiert von Patrick Bahners, Alexander Cammann (Hrsg.): Bundesrepublik und DDR. Die Debatte um Hans-Ulrich Wehlers „Deutsche Gesellschaftsgeschichte", München 2009, S. 134–149.

6 Unter Multiperspektivität setze ich auch Akzente auf andere wissenschaftliche Sichtweisen wie soziologische oder philosophische, da es hier immer wieder Berührungspunkte in der Fachliteratur gibt.

7 Vgl. Konrad H. Jarausch: Die Zukunft der ostdeutschen Vergangenheit – Was wird aus der DDR-Geschichte?, a. a. O., S. 81–99, insbesondere S. 83–89. Die Klassifizierung in die fünf Sichtweisen ist ein Versuch Jarauschs, neue Denkstufen aufzuzeigen, die nach wie vor eine Findung im Umgang mit dieser Thematik bilden.
In dieser Darstellung ist das europäische Bild über die DDR nicht berücksichtigt. Inwiefern sich hierbei einseitige Bewertungen über die Jahrzehnte und teil-

zu finden, die sich mit ihrer politisch moralischen Debattenstrategie und deren Tendenz einer Verabsolutierung des Unrechtssystems, in einer großen öffentlich-politischen Zustimmung als auch in einer entsprechenden institutionellen Unterstützung widerspiegeln.

Dem stehen die *postsozialistischen* Vertreter, vorrangig aus der Funktionärselite des untergegangenen DDR-Staates und deren Sichtweisen gegenüber, die sich mit einer solchen einseitigen Opferdebatte nicht abfinden wollen. Eine weitere Sichtweise, die zugleich das Gros in der ostdeutschen Wahrnehmung bildet, ist die der *widersprüchlichen Erinnerung*, die eine sehr fragwürdige Herangehensweise in der Rückbesinnung auf die DDR entwickelt hat. Dieses Gros von Menschen, überwiegend in der ehemaligen DDR sozialisiert, stützt sich auf persönliche Erfahrungen, die einerseits mit den Problemen des ökonomischen Niedergangs, der Mangelwirtschaft und des zum Teil maroden Zustandes der öffentlichen wie auch privaten Infrastruktur verknüpft werden. Anderseits zeigt sich häufig bei den gleichen Personengruppen ein Drang nach Legenden sowie ein gewisses Nostalgiedenken, das sich hinsichtlich der 40-jährigen DDR-Geschichte positiv färbt, um beispielsweise dem westdeutschen medial und publizistischen geprägten Bild über die DDR zu trotzen.[8]

Zu einer weiteren Besonderheit bezüglich der einseitigen Perzeption der DDR-Vergangenheit, die sich vorrangig in weiten Gesellschaftskreisen der westlichen Bundesländer im Bewusstsein und in der Reflektion dieses The-

---

weise bis heute festsetzten, bot unter anderem die Podiumsdiskussion der seit 2009 begonnenen Veranstaltungsreihe „Unrechtsstaat DDR? Sichtweisen in europäischen Nachbarländern" vom 14. Juni 2012 in Zusammenarbeit mit der RLS-Brandenburg im HPBG Potsdam an. Kritisch sollte nicht unerwähnt bleiben, dass sich unter den vortragenden Wissenschaftlern leider kein Jurist befand, um den umstrittenen Terminus *Unrechtsstaat* eine wissenschaftlich haltbare Definition geben zu können. Siehe dazu die Beiträge dieser Podiumsdiskussion bei Detlef Nakath, Dörte Putensen (Hrsg.): Unrechtsstaat DDR? Sichtweisen in europäischen Nachbarländern, Potsdam 2012.

8 Siehe bspw. den Film von Jan N. Lorenzen: Meine Heimat: DDR! Erstausstrahlung 06.11.12 / 23:00 Uhr / rbb. Produziert 2012. Entstanden ist ein Film, der nicht nur die krude Logik der DDR-Nostalgiker offen legt, sondern auch deutlich macht, wie sehr die ungelösten sozialen Probleme in der Gegenwart dazu beitragen, ein romantisches Bild der DDR am Leben zu erhalten.

mas manifestiert, ist die stetige Bezugnahme auf eine seit Jahrzehnten kolportierte *Verdammungsgeschichte.* Diese dient als Negativfolie für die eigene „Erfolgsgeschichte". Sie dient des Weiteren dazu, das „realexistierende" Experiment einer sozialistischen Alternative mit dessen kommunistischen Leitidee per se und endgültig zu delegitimieren. Auch beim wissenschaftlichen Vergleich beider deutscher Diktaturen erfolgt aus der Sicht des Verfassers eine bedenkliche Gleichsetzung als „Demokratiefeinde"[9], womit sich im Kapitel 4.1 näher auseinander gesetzt wird. Zu der letzten Sichtweise, die der Verfasser näher kennzeichnen wird, zählt die *differenzierte Betrachtung.* Hierbei wird eine Akzentverschiebung aufgezeigt, die sich von der subjektiven weg und hin zur objektiven Vernunftdarstellung bewegt. Insbesondere wird hierbei die Einbeziehung der Alltagsgeschichte als auch die erinnerungspolitische Perzeption in den historischen Zusammenhang mit berücksichtigt. Dass sich diese Ansicht erst allmählich etablieren konnte, hatte mit einem Paradigmenwechsel in der zeitgeschichtlichen Betrachtung der deutsch-deutschen Vergangenheit zu tun. Dieser vollzog sich etwa um 2000 und mit dem Regierungswechsel 1998. Während im ersten Nachwendejahrzehnt die Vergangenheitspolitik mit ihrer Verdammungsthese der DDR-Betrachtung im Zentrum stand, richtete sich im nun zweiten Nachwendejahrzehnt immer mehr der Blick hin zu einer Erinnerungspolitik, die einem breiteren Ansatz der deutsch-deutschen Erinnerungskultur geschuldet ist und einem differenzierteren Umgang mit der DDR-Geschichte gerecht wird. Dieser Ansatz scheint in der aktuellen historischen Debatte der am vielversprechendste zu sein, da dadurch ein Bestreben deutlich wird, die diffizilen Aspekte im objektiven Zusammenhang zu beleuchten.

Im Mittelpunkt dieser historischen Untersuchung, die eine deutlich andere als eine juristische oder politologische ist, steht nicht das Rechtsystem der DDR als Gesamtheit[10], sondern es gilt in erster Linie die Genesis mit dem Umgang dieses Begriffes in der zeithistorischen Darstellung zu betrachten. Für die Argumentation hinsichtlich dieses Sachverhaltes wird zumeist auf

---

9 Vgl. Eckhard Jesse (Hrsg.): Totalitarismus im 20. Jahrhundert. Eine Bilanz der internationalen Forschung, Baden-Baden ^{2}1999.

10 In diesem Zusammenhang lesenswert: Johannes Raschka: Justizpolitik im SED-Staat. Anpassungen und Wandel des Strafrechts während der Amtszeit Honeckers, Univ. Diss. TU Dresden, Böhlau 2000.

Forschungsliteratur westdeutscher Provenienz[11] von vor 1989 zurückgegriffen. Auffallend ist auch, dass sich in den letzten beiden Dekaden bei der Auseinandersetzung mit dieser Thematik weiterhin auf solche Literatur gestützt wird. Ausgehend von dieser Feststellung wird sich diese Studie im ersten Teil (Kapitel 2 und 3) vorwiegend mit theoretischen, insbesondere politologischen sowie juristischen Fragen des Sachverhalts beschäftigen, die für ein Grundverständnis dienen und wegen der publizistischen Berührungspunkte mitbetrachtet werden müssen. Denn bei der Hinzuziehung der einschlägigen Fachliteratur zu diesem Thema ist auffällig, dass sich kaum eine eindeutige Reflexion des Terminus *Unrechtsstaates* in juristischer und politologischer Hinsicht wieder findet. Die Dissertation von Johannes Raschka aus dem Jahre 2000 mit dem Titel „Justizpolitik im SED-Staat" ist ein Versuch, bei der eine solche Reflexion des juristischen Terminus (Recht) nachvollzogen werden kann.[12]

Allerdings ist für die Darlegung dieses Sachverhalts aus der Sicht des Verfassers die Akzentsetzung von Raschka nicht ausreichend. Nicht ausreichend insofern, da eine diesbezügliche Vermischung von juristischen, politologischen, moralischen, journalistischen und historischen Aspekten miteinander erfolgte und nicht hinreichend differenziert betrachtet wurde. Deshalb müssen im Rahmen dieser Thematik weitere Begrifflichkeiten neben dem Gegensatzpaar Recht – Unrecht angesprochen und untersucht werden. Dazu zählen die Begriffe Rechtsstaat, Rechts(ver)-ordnung[13] sowie Moral. Aufgrund der zeitlichen Nähe dieses Sachverhaltes zur aktuellen Debatte und zur wissenschaftlichen Diskussion ist die Frage nach einer politischen Arbeit legitim. Auch wenn der Verfasser mit dieser Arbeit

---

11 Siehe dazu unter anderem: Heiner Timmermann: DDR-Forschung. Bilanz und Perspektiven, In: Dokumente und Schriften der Europäischen Akademie Otzenhausen, Bd. 76, Berlin 1995 sowie einen Überblick in diese Thematik von Günther Heydemann: Die Innenpolitik der DDR, München 2003.
Vor 1989 gab es zwei Geschichtswissenschaften, wobei sich in der DDR nur eine bedingte Zeitgeschichte herausbildete. Siehe dazu Bernd Faulenbach: Die DDR als Gegenstand der Geschichtswissenschaft, In: Jens Hüttmann, Ulrich Mählert, Peer Pasternack: DDR-Geschichte vermitteln, a.a.O., S. 65–79, siehe Fn. 2.

12 Vgl. Johannes Raschka: Justizpolitik im SED-Staat, a.a.O., S. 7.

13 Teilweise auch als Rechtsordnungen oder nur Verordnungen bezeichnet. Im weiteren Verlauf dieser Arbeit wird die Form Rechtsverordnung benutzt.

gegenwärtige politologische Fragestellungen berührt, wird er sich vorrangig auf den historischen Kontext begrenzen.

In den jeweiligen Kapiteln wird aufgezeigt, inwiefern sich moralische und propagandistische Sichtweisen in dieser Thematik vermischen. Damit werden Bereiche angesprochen, die auf eine enge Verknüpfung verweisen. Des Weiteren sollen folgende Leitfragen, teilweise auch kapitelübergreifend, in den nachfolgenden Ausführungen beantwortet werden: Woher kommt eigentlich der Begriff *Unrechtsstaat*? Was zeichnet einen *Rechtsstaat* gegenüber einem *Unrechtsstaat* aus? Welche Faktoren müssen mindestens vorhanden sein, um von einem *Rechtsstaat* zu sprechen? Wann darf von einem Staat als *Unrechtsstaat* gesprochen werden? Welchem Zweck dient die Bezeichnung *Unrechtsstaat* und welche Manipulation soll damit erreicht werden?

Ist dieser Terminus *Unrechtsstaat*, der nicht dem westdeutschen Verständnis eines Rechtsstaates entspricht, ausschließlich der Thematik DDR vorbehalten?

Weitere Probleme im Umgang mit diesem Sachverhalt berühren politologische Fragestellungen, die nicht Gegenstand dieser Arbeit sind. Dazu zählen u.a. Vergleichbarkeiten.[14]

Im zweiten Teil (Kapitel 4 und 5) widmet sich der Verfasser dem spezifischen Hauptanliegen, das sich in der historiographischen Betrachtung des oben genannten Terminus politicus *Unrechtsstaates* manifestiert. Dazu zählt vorrangig der zu *„Unrecht"* von vielen Medien und Publikationen tabuisierte Vergleich zwischen beiden deutschen Diktaturen. Des Weiteren setzt sich der Verfasser mit dem Totalitarismusansatz und seinen dem Regimealltag erfassenden Thesen auseinander. In der Darlegung dieses Themas konzentriert sich der Autor in einem letzten Abschnitt (Punkt 4.3) auf Fragestellungen und Einschränkungsmerkmale moderner Diktaturen, in Sonderheit der deutschen Nachkriegsgeschichte. Während im Kapitel 4

14 Darunter sind Staaten zu verstehen, die in ähnlicher Weise den staatliche Repressions-Verhältnissen der einstigen DDR entsprechen wie bspw. die bestehenden Menschenrechte nicht genügend einhalten und achten sowie aufgrund ihrer Existenz in der Weltöffentlichkeit nicht als *Unrechtsstaat* bezeichnet werden (können) oder sich dafür andere Formulierungen wie die des ‚Schurkenstaates' heraus bildeten. Vgl. z.B.: Syrien, Tunesien, Libyen oder die Ukraine.

vorwiegend auf namhafte westdeutsche Verfasser zurückgegriffen wird, in deren Veröffentlichungen eine häufig einseitige Wahrnehmung Berücksichtigung findet, wird im Kapitel 5 auch die Wahrnehmung ostdeutscher Betroffener wie Akteuren aufgegriffen.

Der Forschungsstand stellt sich zurzeit wie folgt dar: Einen umfangreichen Einblick bieten die Sammelwerke der beiden *Enquete-Kommissionen* wie die „Aufarbeitung von Geschichte und Folgen der SED-Diktatur in Deutschland" (1992–1994, 9 Bde. 15378 Seiten) und wie die „Überwindung der Folgen der SED-Diktatur im Prozess der deutschen Einheit" (1995–1998, 8 Bde. ca.14000 Seiten). Sie ermöglichen einen wesentlichen, wenngleich auch problematischen (siehe Kapitel 5.2) Zugang zu unterschiedlichen Themen der DDR-Vergangenheit sowie zum deutsch-deutschen Vereinigungsprozess ab 1989/90. Des Weiteren geben u. a. neben den juristischen auch die politischen Lexika einen Einblick in die Entwicklung entsprechender Termini zur Begriffsdefinition. Unverzichtbare Erkenntnisse zur neusten Forschung sind den aktuellen Monographien, wie u. a. der so genannten blauen Reihe[15] des ZZF Potsdams oder des Forschungsverbundes SED-Staat zu entnehmen. Aber auch wissenschaftliche Periodika wie die Aufsatzsammlungen des *Deutschlandarchivs*, welche sich vor allem interdisziplinär mit dieser Thematik beschäftigten oder wie die Fachzeitschriften *Aus Politik und Zeitgeschichte*, *Geschichte und Gesellschaft* oder wie die *Berliner Debatte INITIAL*, *BISS public*, die *Zeitschrift für Geschichtswissenschaft*, die *Vierteljahreshefte für Zeitgeschichte* bzw. wie die *Beiträge zur Geschichte der Arbeiterbewegung* sind für die Aufarbeitung dieses spezifischen Themas unverzichtbar.

---

15 Die blaue Reihe wird wegen ihres blauen Druckmaterials so bezeichnet. Siehe bspw. Peter Hübner, Christa Hübner: Sozialismus als soziale Frage, Sozialpolitik in der DDR und Polen 1968–1976, Köln Weimar und Wien 2008 oder Leonore Ansorg, Bernd Gehrke, Thomas Klein, Danuta Kneipp (Hrsg.): »Das Land ist still – noch!«, Herrschaftswandel und politische Gegnerschaft in der DDR (1971–1989), Köln Weimar und Wien 2009. Nicht blau aber mit Erkenntnissen zur neuesten Forschung gehören neben dem ZZF auch Publikationen anderer Institutionen dazu wie aus der Bundesstiftung Aufarbeitung. Siehe bspw. Jens Hüttmann: Geschichte der innerdeutschen Beziehungen 1945–1989, Bonn 2012 sowie Andreas Apelt, Robert Grünbaum, Martin Gutzeit (Hrsg.): Von der SED-Diktatur zum Rechtsstaat, Berlin 2012.

Doch auch die jüngst erschienene Dissertationsschrift von Carola S. Rudnick „Die andere Hälfte der Erinnerung" aus dem Jahre 2011[16], die der Autor in seinen Kernaussagen nicht nur teilt, sondern auch in seinen Ausführungen als einen wichtigen Beitrag zur DDR-Geschichte betrachtet, zählt dazu. So ist es Rudnicks Ziel, einer starren DDR-Dogmatik entgegen zutreten, indem sie uns einen Einblick gewährt, welche Einflussfaktoren sowohl auf die Geschichtspolitik im Umgang mit der DDR als auch auf die Gedenkstättenpolitik nach 1989 wirkten.

In der Beschäftigung mit der DDR-Vergangenheit zeigen sich zunehmende Entwicklungslinien, in denen eine Akzeptanz hinsichtlich einer kritischen Historisierung erkennbar werden und gleichzeitig eine daher gehende Distanz zu Darstellungen mit moralisierenden Neigungen sowie mit politikkonformen Delegitimierungsabsichten Einzug hält. Mit dieser Arbeit ordnet sich der Verfasser in diese Tendenz ein. Zugleich ist sich der Verfasser bewusst, dass mit der Auseinandersetzung zu dieser Thematik die Diskussion mit diesem Sachgegenstand nicht abgeschlossen ist.

---

16 Carola S. Rudnick: Die andere Hälfte der Erinnerung. Die DDR in der deutschen Geschichtspolitik nach 1989, Bielefeld 2011, zugl. Univ. Diss. Lüneburg 2009. Die Rezensionen in der Wissenschaft und Publizistik sind im überwiegendem Teil positiv votiert, wenngleich einige Rezensenten wie Jaqueline Boysen eine „zielgeleitete Geschichtspolitik" sowie eine „Delegitimierung" der DDR bestreiten (FAZ Besprechung vom 31. Oktober 2011) oder Gerd Dietrich (In: Kulturation, Nr. 15, 2012) und Manfred Wilke (DA 6. Januar 2012) bedenken an der Aussage zu einer „Revolution von oben" finden. Diese Deutung ist zwar nicht grundsätzlich abwegig, aber eben auch nicht vollständig. Inwiefern hier geschichts-politische Deutungsbestrebungen vorherrschen, lässt sich unter anderem aus dem gesellschafts-politischen Habitus heraus erklären. Dabei ist es Rudnicks Ziel, zur Aufweichung dieser starren Dogmatik beizutragen.

2. Der Unrechtsstaatsbegriff in der politologischen Auseinandersetzung

In den folgenden Darstellungen (Kapitel 2 und 3) wird weniger auf die historiographischen Entwicklungsbedeutungen, als vielmehr auf die derzeitige Bedeutung wert gelegt. Ferner können nur (west-)deutsche Definitionen betrachtet werden, da es für diese Definitionen keine übergeordneten und frei von subjektiven Empfinden vorhandenen Erklärungen gibt. Aber auch Definitionen aus der Sicht der einstigen DDR können hier nicht angeführt werden, da ideologische Sichtweisen die politologischen Auffassungen behindern. Dies führt zu Einschränkungen.

Zu den politikwissenschaftlichen Ansätzen eines Staates zählen vor allem der Parlamentarismus, das Demokratiebestreben, die Partizipation sowie die Freiheit. Dass diese Ansätze nicht frei von Einflüssen sind und auch andere Aspekte mit hineinwirken, bleibt nicht ausgeschlossen. Problematisch werden solche Einflüsse dann, wenn sie einerseits zu Vermischungen führen sowie andererseits keine klaren Abgrenzungen setzen. Als ein solcher Einfluss ist insbesondere die Totalitarismusthese zu sehen, die, als ein politologischer Gegenstand, zugleich auch historisch die Frage nach dem *Unrechtsstaat* tangiert. In dieser Arbeit wird auf die historische Sicht wert gelegt und die Thematik der Totalitarismusthese im späteren Kapitel (siehe Punkt 4.2) gesondert dargestellt. Zu den historischen Fakten über die DDR gehören die oben erwähnten politikwissenschaftlichen Ansätze des Staates. In der DDR gab es gewisse Freiheiten, jedoch mit Einschränkungen. Auch war eine Partizipation ebenso möglich, wie es in der DDR Wahlen gab. Inwiefern die Umsetzung, insbesondere Wahlfälschung oder Scheinparlamentarismus, dem konträr gegenüberstanden, ist eine andere Seite. Sie verdeutlicht aber den wichtigen Umstand einer fehlenden Kontrolle, dem unter anderem mittels einer funktionierenden Gewaltenteilung hätte entgegnet werden können.[17]

---

17 Vgl. die Verfassung der DDR [vom 07. Oktober 1949] Abschnitt B: Art. 8 – dem Recht, sich an jedem Ort niederzulassen; Art. 9 – Meinungsfreiheit; Art. 10 – Auswanderungsmöglichkeit; Art. 138, Abs. 1 – Verwaltungsgerichtsbarkeit.

In welcher Hinsicht hier die politischen Dimensionen des Rechtsstaatsbegriffes und deren gegenwärtige Debatte in der Auseinandersetzung mit der DDR-Vergangenheit stehen, wird im folgenden Abschnitt aus der politologischen Sicht betrachtet. Zudem werden weitere Begriffe, jedoch nach den politikwissenschaftlichen Kategorien Staat (Recht und Unrecht), Demokratie und Freiheit (Rechtsstaat und Rechtsverordnung) sowie Moral dargestellt. Hinsichtlich der Klärung wird auf eine klare und leicht verständliche Begriffsformulierung zurückgegriffen.

2.1 Staat (Recht und Unrecht)

Im politologisch-wissenschaftlichen Sinne ist unter dem Begriff *Recht* ein Zusammenschluss von Regeln zu verstehen, der das gegenseitige Zusammenleben der Menschen innerhalb eines Staats reguliert und nötigenfalls,

---

Aus politologischer und bundesrepublikanischer Sicht sind unter anderem diese nicht vorhandenen Aspekte Kategorien eines *Unrechtsstaates*. Bedenklich werden dann die Einordnungen im Vergleich BRD-DDR gegen die Verstöße bspw. des Rechts auf Meinungs- und Versammlungsfreiheit (Art. 3, Abs. 3; Art. 5, Abs. 1 & 3; Art. 8; Art 12, Abs. 1 & 2 und Art. 21, Abs. 1 & 2 GG), die mit den Grundsätzen zur Frage der verfassungsfeindlichen Kräften im öffentlichen Dienst (auch Radikalenerlass oder Extremistenbeschluss genannt) am 28. Januar 1972 von der Brandt-Regierung erlassen worden waren. Das Hauptziel dieses Erlasses war vor allem sowohl gegen Personen des linken Spektrums, die der DKP nahe standen, Sozialdemokraten als auch gegen die DKP selber gerichtet. Erst 1976 kündigten die Regierungskoalition aus SPD und FDP diesen Erlass auf, nachdem ein Urteil des BGHs 1975 Zweifel an diesem Erlass sah. Als Vorgänger dieses Erlasses kann der von der CDU-Regierung am 19. September 1950 gefasste Beschluss (Adenauer-Erlass) zur Verfassungstreue der öffentlich Bediensteten in der BRD gesehen werden.
Nicht unerwähnt bleiben sollte, dass einige Richter des Europäischen Gerichtshofes für Menschenrechte (EGMR) 1995 in drei Fällen den Radikalenerlass mit der Ost-West-Auseinandersetzung rechtfertigten unter dem Aspekt der alliierten Gegebenheiten im Nachkriegsdeutschland. Interessant ist dies im Vergleich in der politischen Konfrontation zum Bau der Mauer 1961, bei dem dieser Umstand der Ost-West-Auseinandersetzung nicht hinreichend mit berücksichtigt wird und öffentlich-medial der Eindruck entsteht, die ‚Mauer' sei aus der ideologischen Sicht der DDR entsprungen und sie, die DDR, sei alleine dafür verantwortbar und hätte nur mit der Rückendeckung Moskaus diesen Schritt unternommen.

bei Nichtbeachtung oder Verstoß dagegen, anhand staatlicher Gewalt eingefordert. Obgleich dies dem objektiven Recht entspricht, was im politologischen auch als allgemein gültiges Recht bezeichnet wird, handelt es sich doch um ein staatlich erzwingbares Recht. Zwar bietet dieses eine vom zeitgenössischen (Daseins- und Vorsorge-)Staat garantierte Rechtssicherheit an, ein in einer zunehmend und immer mehr komplex werdenden Gesellschaft wichtiger Aspekt, aber zugleich steht es auch im permanenten Spannungsverhältnis zum Gerechtigkeitsprinzip. Zudem ergeben sich aus den objektiven die subjektiven Rechte, die dem einzelnen Bürger als Anspruch zuteil werden. Die Gesamtheit dieser Normen wird durch die Gesetzgebung erlassen und verkündet. In Deutschland sind dies die Bundesrepublik Deutschland (z.B. Bundesrecht), die einzelnen Bundesländer (etwa Landesrecht), die Kommunen (bspw. Satzungsrecht) und im verstärkten Maße auch die Europäische Union (Europäisches Recht). Dementsprechend hierarchisch gliedern sich die Rechtsnormen. So geht Europäisches Recht vor Bundesrecht, Bundes- vor Landesrecht und Landes- vor Kommunalrecht. Ferner sind die entsprechenden Gesetzgeber an ihre Zuständigkeitsbereiche gebunden, sodass im Verletzungsfall gesetztes Recht mittels Aufhebung gerichtlicher Beschlüsse unwirksam ist. Neben den Rechtsnormen kommt es auch bei der Rechtssetzung zu Unterteilungen. So stellen Verordnungen der EU geradewegs Bundesrecht dar, Richtlinien der EU sind verpflichtender maßen in nationales Recht umzuwandeln und das Primat von Bundesgesetzen[18] steht über (Bundes-)Rechtsverordnungen. Sie alle haben insgesamt Vorrang gegenüber dem Landes- sowie dem kommunalen Satzungsrecht.

Zugegebenermaßen entspricht dies einer politologischen Idealvorstellung, die so nicht der Realität gleichkommt, da der Anspruch und die Wirklichkeit dessen abweichen. Ein abweichen insofern, da es einerseits zahlreiche Konflikte hinsichtlich der gegebenen Kompetenz unter den verschiedenen Gesetzgebern gibt. Andererseits kommt es zu Widersprüchen bezüglich der Rechtsinhalte oder es existieren zu bisher ungeregelten Situationen bislang keine entsprechenden Normen. Doch ist dies nicht nur für eine Rechtsan-

18 Unter den Bundesgesetzen sind neben den einfachen Parlamentsgesetzen und den entsprechenden Rechtsverordnungen auch die Europäische Menschenrechtskonvention sowie das Grundgesetz für die Bundesrepublik Deutschland, das allen übrigen Bundesgesetzen vorgeht, zu verstehen.

wendung äußerst problematisch, sondern auch das soziale und technische Voranschreiten der Entwicklung trägt nicht gerade zur Vereinfachung bei. Einer Vereinfachung insoweit, als dass ein weitsichtiger Gesetzgeber hier zukünftige Verhältnisse im Vorfeld regeln könn(t)e.[19] Die unvermeidlichen Folgen sind, dass Rechtsprobleme in der Praxis auftreten und über den Gerichtsweg geklärt werden müssen. Dabei steht das Gericht unter Entscheidungszwang, denn der Gesetzgeber lässt keine Vertagung des Konfliktes zu, bis ein Erlass oder eine passende Regelung gefunden wäre. Neben dem Füllen der Gesetzgebungslücken sowie dem Beheben der Regelungswidersprüche im konkreten Fall spielt die Rechtssprechung eine gewichtige Rolle. Die Kehrseite dessen ist, dass eine strikte Gewaltenteilung – wie es Montesquieu[20] vorschlug – so nicht besteht. Nach politologischer Betrachtung bedeutet dies, dass es „[v]ielmehr [...] nur ein System der Gewaltenunterscheidungen mit vielfältigen Überschneidungen“[21] gibt. Ungeachtet dieser Schwierigkeit in der Theorie der Gewaltenteilung, herrscht doch zumindest Einigkeit darüber, dass sich die unterschiedlichen Rechtsklassifizierungen[22] sowohl aus politologischer als auch aus juristischer Sicht gleichen. Allerdings tut sich auch die politologische Deutung schwer, die Struktur sowie Funktion des Rechts angemessen darstellen zu können. Dies liegt unter anderem daran, dass es eine formale Beschreibung des Rechts[23] so nicht gibt.

Denn neben Struktur und Funktion gehören auch die Ziele sowie Inhalte der Regelungen dazu, um einen Missbrauch, wie es im Nationalsozialismus bspw. im Ehe-, Vermögens- wie auch Strafrecht vorkam, vorzubeugen. Von daher betrachtet ist im politologischen Sinne ungerechtes Recht, trotz der

---

19 Der bisher letzte Versuch, dies in einer abschließenden und umfassenden Kodifikation darzustellen, war das Preußische Allgemeine Landrecht von 1794.

20 Charles-Louis de Secondat, Baron de La Brède et de Montesquieu (getauft 18. Januar 1689 auf Schloss La Brède bei Bordeaux; † 10. Februar 1755 in Paris) war ein frz. Schriftsteller, Philosoph und Staatstheoretiker der Aufklärung. Vgl. die geschichtsphilosophische und staatstheoretische Schrift: De l'esprit des lois / Vom Geist der Gesetze, Genf 1748, insbesondere das 2. Buch, 4. und 6. Kapitel über die Gewaltenteilung.

21 *Gesellschaft und Staat. Lexikon der Politik*, hrsg. von Hanno Drechsler, Wolfgang Hilligen und Franz Neumann, München [10]2003, Art. Recht, S. 672.

22 Vgl. Abschnitt 3.1.

23 Z.B. nach Rechtsquellen, Institutionen, Normhierarchien oder Rechtsgebieten, wie es der Rechtspositivismus versucht(e).

Einhaltung der Form (u.a. durch Gesetze, Verordnungen, Erlasse), „kein Recht, sondern Unrecht.“[24] Inwiefern hier zwischen Recht und Unrecht zu differenzieren wäre, führt zwischen Rechtstheorie und Rechtsphilosophie bis heute zu verschiedenen Vorstellungen[25] und bleibt nach wie vor äußerst strittig.

Jedoch, soll „staatlich gesetzte[s] Recht[] als inhaltlich [wirksame Richtlinie gelten, bedarf es] minimalen Anforderungen“ [...], demzufolge „der Gesetzgeber wenigstens die Absicht gehabt haben muss, gerechtes Recht zu schaffen“[26] – im Allgemeinen als Radbruchsche Formel bezeichnet.[27] Damit das gesetzte Recht auch der Gerechtigkeit entspricht, kommt nicht nur der Verfassung[28] eine wesentliche Bedeutung zu, sondern wird auch als ‚verfassungskonforme Auslegung‘[29] tituliert. Es zählt zu den bedeutenden

---

24 *Gesellschaft und Staat. Lexikon der Politik,* a.a.O., Art. Recht, S. 672.

25 Z.B. das Naturrecht, der Utilitarismus, die Theorie der Eigentumsrechte (property rights), der Rationalismus, das Kirchenrecht, die Diskurstheorie sowie weiteren rechtstheoretischen wie auch rechtsphilosophischen Grundgedanken.

26 *Gesellschaft und Staat. Lexikon der Politik,* a.a.O., Art. Recht, S. 672 f.

27 Gustav Radbruch (*21. November 1878 in Lübeck; † 23. November 1949 in Heidelberg) war Reichsjustizminister der Weimarer Republik. Er gilt als einer der einflussreichsten Rechtsphilosophen des 20. Jahrhunderts. Die Radbruchsche Formel bezeichnet im Kern das Spannungsverhältnis von Recht und Moral mit der zentralen Frage nach dem normativen Verhältnis von positivem Recht und materieller Gerechtigkeit – oder anders formuliert – die Frage nach der Geltung von positivem Recht, das im Widerspruch zur Gerechtigkeit steht. Äußerst lesenswert dazu: Steffen Forschner: Die Radbruchsche Formel in den höchstrichterlichen „MAUERSCHÜTZENURTEILEN“, Univ. Diss. Tübingen 2003.

28 Für Deutschland siehe GG, Art. 1, Abs. 3.

29 Eine in ständiger Rechtsprechung vom Bundesverfassungsgericht entwickelte Form der Auslegung einer Rechtsnorm, die im Range unter der Verfassung (besonders des GG) steht. Ist der Wortlaut der infrage stehenden Rechtsnorm aus verfassungsrechtlicher Sicht bedenklich, lässt sie aber eine Auslegung zu, die mit der Verfassung vereinbar ist, ist die Rechtsnorm mit dieser (und nur mit dieser) Auslegung gültig. Die Möglichkeit einer verfassungskonformen Auslegung endet allerdings dort, wo der eindeutige Wortlaut der Norm keinen interpretativen Spielraum eröffnet. Vgl. Duden Recht A-Z: Fachlexikon für Studium, Ausbildung und Beruf, [Autoren: Ute Gräber-Seißinger et al.], Mannheim [u.a.] 2007, hier S. 484. Obgleich der Duden als Lexika im wissenschaftlichen Verständnis etwas unüblich erscheint, gilt dieser hier angegebene in der politologischen Begriffsdefinition als durchaus zulässig.

Möglichkeiten, ein Rechtssystem sowohl dem Formalen als auch dem Inhalte nach demokratisch wie gerecht bilden zu können.[30]

In der politischen Auseinandersetzung wird immer wieder der Terminus *Unrecht* mit der Thematik der DDR in Verbindung gebracht. Auffallend ist jedoch, dass es zum Terminus *Unrecht* keine Definition nach politologischem Begriffsverständnis in den politischen Lexika gibt. Auch andere politologische Bezüge oder Umkehrbetrachtungen, wie es unter anderem bei der juristischen Betrachtung möglich ist, förderten keine Eruierung zutage.[31]

Lediglich als Komposita taucht der Begriff in politologischen Relationen oder Texten auf, wie SED-Unrecht, Unrechtsstaat, NS-Unrecht und dient letztendlich ‚nur' zur Nennung im jeweiligen Sachverhalt. Für eine politologische Definitionsbetrachtung nützen diese Konstruktionen jedoch wenig. Wenn sich somit keine Definition nach politologischem Begriffsverständnis nachvollziehen lässt, stellt sich die Frage, welche Bestrebungen sich hinter der politischen Benutzung verbergen? In Betracht kommen hier zwei Möglichkeiten: eine Bedeutung als antinomische Begriffsbildung einerseits oder als ‚politischer Kampfbegriff' andererseits. Beide Möglichkeiten sollen in den nächsten Abschnitten Gegenstand der Untersuchung sein.

2.2 Demokratie und Freiheit (Rechtsstaat und Rechtsverordnung)

Aus politologischer Sicht lässt sich der Terminus *Rechtsstaat* nicht klar genug differenzieren. Vielmehr ruft er eine Polarisierung hervor, die auf eine nicht ausreichend vorhandene wie verständliche Darstellung zurück zu führen ist. Zwar ist das – theoretische – Bestreben, eine Rechtsgebun-

---

30 Vgl. *Jugendlexikon Politik*, hrsg. von Hilde Kammer und Elisabeth Bartsch, Hamburg [3]2010, Art. Recht, S. 182; *Politiklexikon*, hrsg. von Klaus Schubert und Martina Klein, Bonn [4]2006, Art. Recht, S. 238 f.; *Gesellschaft und Staat. Lexikon der Politik*, a.a.O., Art. Recht, S. 671–673.

31 Im Sinne von Recht, Rechtsstaat oder wie es im Abschnitt 3.1 bei der juristischen Umkehrbetrachtung von Rechtsverordnung zum Terminus *Unrecht* möglich war. Nicht ausgeschlossen bleibt, dass es vielleicht eine politologische Definition gibt, doch soweit es im Rahmen dieser Arbeit realisierbar ist, war es mir nicht möglich diese zu eruieren.

denheit[32] des Staates zu erreichen, gegeben, praktisch aber nicht umsetzbar. Nicht umsetzbar, infolge der Relation zwischen Recht und Politik. Denn sie (die Rechtsgebundenheit) kann immer nur eine provisorische und keine definitive Antwort darauf sein, wie ein Rechtsstaatsbegriff generell für einen bestehenden Rechtsstaat und wie dieser mit den gesellschaftspolitischen Bedingungen in Einklang zu bringen sei. Mit anderen Worten besteht zwischen der Zielsetzung des Rechtsstaates und den essentiellen Begriffselementen eine Uneinigkeit.

So zählen zu den ‚formellen' Elementen des Rechtsstaates eine im Allgemeinen verschriftliche Verfassung[33], eine Gewährung von Grundrechten für die Bürger, eine Gewaltenteilung sowie eine Gesetzmäßigkeit der Verwaltung.[34] Des Weiteren wird sowohl aus politologischer Sicht als auch aus der Sicht der verfassungsmäßigen Ordnung für die Bundesrepublik von einem ‚sozialen' Rechtsstaat[35], der sich aus dem Rechtsstaatsbegriff und seiner his-

---

32 Unter Rechtsgebundenheit wird der Grundsatz der Gesetzmäßigkeit eines Rechtsstaates verstanden. Damit gemeint sind die für das Miteinander und Funktionieren einer komplexen Gesellschaft geschaffenen Voraussetzungen eines allgemeinen Rechtsatzes und die Haltung sowohl des Bürgers als auch des Staates daran.

33 Ausnahmen bezüglich keiner schriftlichen Verfassungen bzw. nur teilweise vorhandenen Grundgesetzen bilden unter anderem die Sonderfälle Großbritannien, Nordirland, Neuseeland sowie Israel.

34 Gesetzmäßigkeit der Verwaltung im juristischen Sinne von a) Vorrang des Gesetzes. D. h., kein Verstoß der Verwaltung gegen das Gesetz und b) Vorbehalt des Gesetzes. D. h., kein Handeln der Verwaltung ohne Gesetz.

35 Für Deutschland siehe GG, Art. 28, Abs. 1. In der DDR Verfassung von 1949 wird im Art. 19, Abs. 1 die Passage von: „Die Ordnung des Wirtschaftslebens muß den Grundsätzen *sozialer Gerechtigkeit* entsprechen" formuliert. Der Ursprung des Terminus „Soziale Gerechtigkeit" bzw. „Sozialgerechtigkeit" liegt in der Mitte des 19. Jh. und fand seinen Eingang in der damaligen katholischen Soziallehre. Er wurde vermutlich erstmals von dem Jesuiten Luigi Taparelli d'Azeglio formuliert. In seinem fünfbändigen Werk zur Begründung des Naturrechts in der Tradition der rationalistischen Barockscholastik spricht Taparelli d'Azeglio in deutscher Übersetzung von „Socialgerechtigkeit". Vgl. Taparelli: Versuch eines auf Erfahrung begründeten Naturrechts, Übers. von F. Schöttl, C. Rinecker, 2 Bde., Regensburg 1845, Bd. 1, S. 137 ff, bes. 142 f.
Im deutschsprachigen Raum wird soziale Gerechtigkeit seit den späten 1960er Jahren wieder zunehmend in der gesellschaftlichen Diskussion thematisiert.

torischen Entwicklung, welche sich zuvor als eine liberal-bürgerliche[36] konstituierte, ausgegangen. Zum anderen versteht sie sich (die verfassungsmäßige Ordnung der Bundesrepublik), wegen des Wandels durch die historische Erfahrung vom liberalen zum sozialen Rechtsstaat, als ein Sozialstaat.[37]

Doch bergen diese in der Verfassung festgeschriebenen Elemente eines Rechtsstaates auch die Gegensätze zwischen dem Staat und dem Bürger in sich, nicht zuletzt durch die Verwaltungsgerichtsbarkeit. Denn die Möglichkeit, diese Rechte gegenüber einem Staat in Anspruch nehmen zu können, führt dazu, dass sich der politologische Rechtsstaatsbegriff nicht nur auf die Gesetzmäßigkeit der Verwaltung konzentriert, sondern auch zunehmend darauf beschränkt: Der Rechtsstaat als „Staat des wohlgeordneten Verwaltungsrechts“[38], denn „[...] er bedeutet überhaupt nicht

---

Vgl. die Verwendung in der politischen Diskussion: Der Begriff der Sozialen Gerechtigkeit wird innerhalb öffentlicher Debatten zwar sehr häufig verwendet, aber selten exakt definiert. Politische Entscheidungsträger erzeugen und vertreten bestimmte Vorstellungen von sozialer Gerechtigkeit. Der Begriff ist meist positiv besetzt, bei politischen Auseinandersetzungen beanspruchen daher die Vertreter unterschiedlicher und selbst widersprüchlicher Positionen das Etikett *sozial gerecht* für sich. Entsprechend dient die Etikettierung einer Position als *sozial ungerecht* der Disqualifizierung missliebiger Positionen. Der Forderung nach „sozialer Gerechtigkeit“ liege nach Ansicht von Rolf Kramer oft nicht der Wille zur Gerechtigkeit, sondern zu einer Umverteilung, zu einer besseren und gerechteren Verteilung der Güter zugrunde. Vgl. Rolf Kramer: Soziale Gerechtigkeit: Inhalt und Grenzen, Berlin 1992, S. 6.

36 Die Forderung nach Rechtssicherheit geht auf das Verlangen der bürgerlichen Gesellschaft im 19. Jh. zurück, die politische und wirtschaftliche Freiheit vor staatlichen Willkürmaßnahmen zu schützen. Der politische Widerstand des Bürgertums richtete sich während der Restaurationszeit (1815–1848) gegen den „Polizeistaat“, der weder die persönlichen Freiheitsrechte der politisch Andersdenkenden noch die rechtsstaatliche Kontrolle der öffentlichen Gewalt durch unabhängige Gerichte garantierte. Vgl. *Gesellschaft und Staat. Lexikon der Politik,* a. a. O., Art. Rechtstaat, S. 675.

37 Siehe GG, Art. 20.

38 Otto Mayer: Deutsches Verwaltungsrecht, 2 Bde., Berlin 1924, Bd. 1, S. 58, Neudruck 2004. Otto Mayer (* 29. März 1846 in Fürth; † 8. August 1924 in Hilpertsau) war Jurist, Verwaltungsrechtswissenschaftler und Kirchenrechtler. Er war Wegbereiter der deutschen Verwaltungsrechtswissenschaft.

Ziel und Inhalt des Staates, sondern nur Art und Charakter, dieselben zu verwirklichen".[39]

Während sich der besondere Wert in der deutschen Rechtsstaatsvorstellung vom Sozialstaat vor allem aus der vergangenen Historiographie heraus ergab, zeigen sich in der gegenwärtigen Realität zunehmend tendenzielle Widersprüche auf, die sich mit der Rechtsstaatsillusion bezeichnen lassen. Sie kommen zum einen in der zugesicherten Trivialität zum Ausdruck, ein jeder verfüge de facto über die gleichen Rechte, doch um sie auch de jure zu erreichen, fehlen die ökonomischen Mittel.[40]

Auch die politischen Prinzipien des ‚materiellen' Rechtsstaates wie die Erhaltung und Sicherung des verfassungsmäßig festgeschriebenen Grundsatzes, Exekutive, Legislative und Judikative mit ihrer Bindung an die Grundrechte erwecken zunehmend den Eindruck instrumentalisiert zu werden, infolge des Antagonismus zu den Schutzfunktionen eines Rechtsstaates: der „Bürger als Sicherheitsrisiko".[41] Dies spiegelt sich in der vom Staat ‚ausgeübten Doppelmoral' wider, welche auch gleichzeitig diffamiert und kann an dieser Stelle nur beispielhaft erwähnt werden. Dahinter verbergen sich unter anderem nicht nur von privaten Betreibern eingesetzte, sondern auch vom Staate tolerierte Videoüberwachungsanlagen zur Totalobservierung oder die ‚strategische Kriminalitätsanalyse' (SKA), die zur Verbrechensvermeidung Experten der kriminellen Szene zu Rate zieht, als Präventionsmaßnahmen möglicher Verbrechen. Fraglich bleibt weiterhin, aufgrund des Zusammen-

---

39 Friedrich Julius Stahl: Die Philosophie des Rechts, 2 Bde., Berlin [5]1878, Bd. 1, S. 137 f. Friedrich Julius Stahl (* 16. Januar 1802 vermutlich in Würzburg; † 10. August 1861 vermutlich in Bad Brückenau) war ein deutscher Rechtsphilosoph, Jurist, preußischer Kronsyndikus und Politiker. Der große Einfluss Stahls als Rechtsgelehrter, geht u. a. daraus hervor, dass seine Definition des Rechtsstaats bis heute die in Deutschland meistzitierte ist. Vgl. Katharina Sobota: Das Prinzip Rechtsstaat: verfassungs- und verwaltungsrechtliche Aspekte, Habil. Schrift Jena 1995, S. 319 ff.

40 Insofern führt die ökonomische Relation, bspw. durch die asymmetrische Einkommens- und Vermögensentwicklung, dazu, dass sowohl rechtliche Interessen und deren erfolgreiche Verbindlichkeit in der Realität überaus idealisiert als auch vorenthalten werden.

41 Martin und Sylvia Greiffenhagen (Hrsg.): *Handwörterbuch zur politischen Kultur der Bundesrepublik Deutschland*, Wiesbaden [2]2002, Art. Rechtsstaat, S. 512.

arbeitens zwischen den ‚wahren-illegitimen' Kriminellen auf der einen und den ‚staatlich-legitimen' aus der Verbrechensplanung auf der anderen Seite, inwiefern die Grenze dabei gewahrt wird. Ein weiterer Punkt im politologischen Rechtsstaatsbegriff bildet die Demokratie und „[...] wie demokratisch die Justiz des bundesrepublikanischen Rechtsstaates ist und ob nicht Rechtsstaat und Justizstaat in wesentlichen Belangen auseinanderklaffen".[42] Diese Ambivalenz der ‚zweistufigen Legalität' geht zurück auf Otto Kirchheimer[43] und wird den kommenden Konflikt zwischen dem BVerfG als „Rechtssprechungskultur" und dem EuGH als „Rechtssprechungspraxis"[44], infolge der Souveränitätsabtretung an die EU-Institutionen, verstärken. Auch die Relation zwischen den Bürgern und dem technisierten ‚Überwachungs-' sowie ‚Rasterfahndungsstaat' lässt die Widersprüchlichkeit des Terminus Rechtstaats deutlich werden. Nicht zuletzt deshalb, wenn einerseits das „[...] der bürgerlichen Privatsphäre geltende Grundrecht der Unverletzlichkeit der Wohnung[45] durch den so genannten großen Lauschangriff ausgehebelt werden konnte".[46] Anderseits unterliegen der Schutz der eigenen Sozialdaten sowie deren Auswertung und (mögliche) ‚Weiter'-Verwertung der Obhut eines Rechtsstaates.[47] Inwiefern an den dargestellten Gegensätzen

42 Ebd., S. 513. Lesenswert dazu: Ulrich K. Preuß (Hrsg.): Legalität und Pluralismus. Beiträge zum Verfassungsrecht der Bundesrepublik Deutschland, Frankfurt a. M. 1973, S. 9 ff.

43 Vgl. Otto Kirchheimer (Hrsg.): Legalität und Legitimität, abgedr. in: Ders.: Politische Herrschaft. Fünf Beiträge zur Lehre vom Staat, Frankfurt a. M. 1967, S. 7–29, hier S. 10. »Dort, wo man der Berufung auf das Gesetz eine Berufung auf die Verfassung entgegenstellen kann, und damit die Problematik einer ‚zweistufigen Legalität' vorliegt, führt dies leicht dazu, daß die Bürokratie einen eigenen, an ihrer Verfassungsvorstellung orientierten Legalitätsbegriff entwickelt«. Otto Kirchheimer (* 11. November 1905 in Heilbronn; † 22. November 1965 in New York City) war ein sozialistisch geprägter Staats- und Verfassungsrechtler, der in Deutschland, Frankreich und Amerika wirkte. Er gilt als einer der wichtigsten deutschen Staats- und Verfassungstheoretiker.

44 *Handwörterbuch zur politischen Kultur der Bundesrepublik Deutschland*, a. a. O., Art. Rechtsstaat, S. 513.

45 Siehe GG, Art. 13.

46 *Handwörterbuch zur politischen Kultur der Bundesrepublik Deutschland*, a. a. O., Art. Rechtsstaat, S. 515.

47 Siehe dazu Sozialdaten als mögliches ‚Gut' und die Schwächung des Datenschutzes im Meldewesen der Regierungskoalition am 29. Juni 2012.

des Rechtsstaates eine Genese zum ‚allmählichen Polizeistaat' stattfindet, bleibt zunächst offen. Allerdings ist nicht auszuschließen, dass an dessen Lösung die „bislang als brauchbar nachgewiesenen Instrumente durchaus scheitern"[48] und zum Prüfstein für den Rechtsstaat werden könnten.[49]

Nach politologischem Begriffsverständnis bezeichnen *Rechtsverordnungen*[50], die von Notverordnungen[51] zu unterscheiden sind, keine Gesetze, sondern regeln einzelne Bestandteile in diesen Gesetzen. Die Aufgabe von Rechtsverordnungen besteht darin, für den zweckentsprechenden Gebrauch in der Praxis sorge zu tragen, da nicht alle Lebensverhältnisse in einer komplexen Gesellschaft per se durch Gesetze geregelt werden können. Ihre rechtsverbindliche Wirkung haben sie, gleichwie den Gesetzen, wenn eine ordnungsgemäße wie regelmäßige Verkündung, in Deutschland im Bundesgesetzblatt (BGBl.), erfolgt sowohl für den Bürger als auch für den Staat.

Obgleich sie von der Bundesregierung, den Bundesministern oder den einzelnen Länderregierungen ohne eine parlamentarische Mitwirkungspflicht verordnet werden können, bedarf es vorher jedoch der ausdrücklich in einem Gesetz übertragenden Erlaubnis. Andernfalls ist ihre Rechtsgültig- und Rechtsverbindlichkeit als rechtswidrig anzusehen.[52] Werden Verstöße gegen Rechtsverordnungen somit als rechtswidrig anerkannt, bezeichnet dies nach politologischem und im Gegensatz zum juristischen Verständnis kein *Unrecht*.

2.3 Moral

Im Kontext der Auseinandersetzung zum *Unrechtsstaat DDR* ist der Terminus Moral in der politologischen Begriffsdefinition grundlegend von dem

48 *Handwörterbuch zur politischen Kultur der Bundesrepublik Deutschland*, a.a.O., Art. Rechtsstaat, S. 515.

49 Vgl. *Jugendlexikon Politik*, a.a.O., Art. Rechtsstaat, S. 182 f; *Politiklexikon*, a.a.O., Art. Rechtsstaat, S. 240; *Gesellschaft und Staat. Lexikon der Politik*, a.a.O., Art. Rechtsstaat, S. 675 f; *Handwörterbuch zur politischen Kultur der Bundesrepublik Deutschland*, a.a.O., Art. Rechtsstaat, S. 506–516.

50 Vgl. Abschnitt 3.2.

51 Z.B. Notverordnungen, welche an Stelle von Gesetzen angeordnet werden können. Vgl. Fn. 83.

52 Vgl. *Jugendlexikon Politik*, a.a.O., Art. Rechtsverordnung, S. 183; *Gesellschaft und Staat. Lexikon der Politik*, a.a.O., Art. Rechtsverordnung, S. 677.

juristischen zu differenzieren. Denn nach politologischem Verständnis gibt es a) keine klare Definition und b) ist der Begriff ‚politische Moral' nur im Zusammenhang mit der politischen Kultur-Forschung[53] zu erklären.

So lassen sich im Wesentlichen zwei Bedeutungen unterscheiden: nach einem allgemeinen sowie nach einem engeren Sinne. Unter der allgemeinen Bedeutung, die sich wiederum noch analytisch in eine normative, eine historische und eine kulturelle Dimension differenzieren ließe, ist darunter die Gesamtheit normativer Überzeugungen zu verstehen (bspw. Prinzipien,

---

53 Der Begriff ist amerikanischer Herkunft und wird in der Forschung wertfrei benutzt. Im allgemeinen Sprachgebrauch hat sich dagegen in Dtl. eine nur positive Verwendung des Begriffs durchgesetzt. Danach beinhaltet politische Kultur (pK) einen besonders stilvollen oder moralischen Umgang mit politischer Macht, den man einander zubilligen oder absprechen kann. Im Folgenden wird einzig der wissenschaftliche Wortgebrauch verwandt. Er erlaubt die Bezeichnung pK auch im Zusammenhang mit politischen Regimes, die man verabscheut, in folgendem Sinne:
PK bezieht sich auf die subjektive Dimension der Politik und bezeichnet allgemein das Verteilungsmuster aller Orientierungen einer Bevölkerung gegenüber dem politischen System als der Summe aller Institutionen. Zur politischen Orientierung zählen Meinungen, Einstellungen und Werte. Während sich Meinungen rasch ändern können, sind Einstellungen (z. B. Parteipräferenzen) schon stabiler, und Werte (z. B. sittliche Grundüberzeugungen) werden noch weniger gewechselt (im Zuge postmoderner Veränderungen spricht man allerdings zunehmend von ‚Wertmoden'). Zum Bereich der pK zählen auch Felder, die zunächst als unpolitisch erscheinen (Einstellungen zu Arbeit und Freizeit, religiöse Vorstellungen, Erziehungsstile und -ziele). Zum Forschungskonzept zählen zwei Richtungen:
Die pK-Forschung entstand nach dem Zweiten Weltkrieg, in der Folge zweier politischer Erfahrungen: Erstens des Nationalsozialismus als des Rückfalls eines zivilisierten Volkes in eine barbarische Politik; zweitens der Entlassung vieler unter Kolonialverwaltung stehender Staaten in die Selbständigkeit. In beiden Fällen ging es um die Frage, unter welchen Bedingungen und in wie langer Zeit neue politische Institutionen darauf rechnen konnten, vom politischen Bewusstsein der Bevölkerung aufgenommen und gestützt zu werden. Vgl. Uwe Andersen, Woyke Wichard (Hrsg.): *Handwörterbuch des politischen Systems der Bundesrepublik Deutschland*, Bonn [6]2009, S. 561–568. Des Weiteren: Martin und Sylvia Greiffenhagen (Hrsg.): *Handwörterbuch zur politischen Kultur der Bundesrepublik Deutschland*, Wiesbaden 2002; Samuel Salzborn (Hrsg.): Politische Kultur. Forschungsstand und Forschungsperspektiven, In: Politische Kulturforschung, Bd. 1, Frankfurt a. M. et al. 2009.

Normen, Werte), die nach Ansicht der Bürger auch als Bewertungs- wie Legitimitätsgrundlage des politischen Systems gesehen wird. Anhand der Legitimität „[...] über die relevanten Grundsätze und Werte und je mehr die politischen Institutionen diesen im Urteil der Bürger entsprechen“[54] lässt sich ein Grad abmessen, der umso höher ist, desto eher in der Gesellschaft eine Übereinstimmung herrscht.

Dagegen werden nach letzterem die moralischen Erwartungen der jeweils agierenden, worunter in erster Linie Politiker zählen, aber auch der Bürger ganz allgemein charakterisiert. Im Zusammenhang mit dieser Arbeit ist diese Bedeutung von großem Interesse. So stehen sich politische Moral und politische Macht nicht nur gegenüber bzw. bilden fast ein Paradoxon, auch die Trennlinie zwischen beiden ist nicht immer klar zu ziehen oder darstellbar. Sofern die Erwartungen an die Politiker enttäuscht wurden, unter anderem durch Amtsmissbrauch, Korruption, Betrug und dergleichen, überrascht es nicht, welche normativen Standards als Maßstab dienen und eine wichtige Rolle spielen. Denn Ehrlichkeit, Unbestechlichkeit sowie die Förderung des Gemeinwohls entsprechen dem geforderten Vertrauen in die gesetzten wie gewählten Politiker. Allerdings ‚heiligt der Zweck die Mittel‘, sofern „ein gewisses Maß an politischer [und] strategischer Klugheit“[55] zu den gewünschten Ergebnissen führen und diese bestätigen. Indes spielen weniger die Lebensführung als vielmehr die politischen Handlungen des Agierenden eine zentrale Rolle für diese Bewertung. Nach diesem Verständnis lassen sich auch die zunehmenden sowie teilweise bedeutsamen Politikskandale[56] nicht nur differenzieren, sondern bieten auch eine Perspektive sie ‚moralisch‘ zu erklären. Dabei ist die Grenze nicht immer klar erkennbar, sodass zwischen dem Fehlverhalten eines Individuums und dem Versagen eines Systems unterschieden werden kann. Auch die zunehmende ‚Politik-

54 Martin und Sylvia Greiffenhagen (Hrsg.): *Handwörterbuch zur politischen Kultur der Bundesrepublik Deutschland*, a. a. O., Art. Politische Moral, S. 401–407, hier S. 401.

55 Ebd., S. 406.

56 Z.B. auf Bundesebene: Christian Wulffs Kredit-Affäre, Karl-Theodor zu Guttenbergs Plagiats-Affäre, Wolfgang Schäubles und Helmut Kohls CDU-Spendenaffäre und auf brandenburgischer Landesebene: Rainer Speers Laptop-Affäre, Kerstin Kaisers Stasi-Spitzel-Affäre, Holger Rupprechts Dienstwagen-Affäre.

verdrossenheit'[57] der Bürger ist für eine deutlichere Grenze nicht förderlich. Vielmehr ist das Gegenteil der Fall, welches ein ‚Misstrauen' gegenüber der politischen Klasse noch steigert. Gleichwohl durch die Medienlandschaft der Eindruck entsteht, dass Skandale nicht nur bei den politischen Problemen der Politiker zunehmend in Erscheinung treten, darf dies keinesfalls darüber hinweg täuschen, dass sich die Bereitschaft Verantwortung zu übernehmen „nicht nur als Bewertungskriterium für die politische Ordnung … [erweist], sondern auch als Richtschnur eigenen politischen Handelns"[58] dient. Dies in Einklang mit der inneren Gesinnung zu bringen, ist in den wesentlichen Grundsätzen der res publica schon angelegt. Sie unterliegen der politischen *Moral* und entsprechen den ‚Tugenden von Staatsbürgern'.

57 Nicht zu verwechseln mit der ‚Parteienverdrossenheit' oder weiteren Kompositionen, aber hilfreich im Zusammenhang zu sehen. Lesenswert dazu der Beitrag von Prof. Dr. Klaus Christoph, Institut für Politische Wissenschaft, Universität Hannover, der auf eine Vorlesung zurück geht, die der Vf. unter dem Rahmenthema „Politische Kultur in der Bundesrepublik" im WS 2010/11 an der Leibniz Universität Hannover gehalten hat. Dem Text geht es v. a. um eine Erhellung des populären Schlagwortes „Politikverdrossenheit"; damit verknüpfte, eher grundsätzliche Fragen wie die nach dem Verhältnis von repräsentativer und plebiszitärer Demokratie bleiben dabei im Hintergrund. Abgedruckt in: Klaus Christoph: Politische Kultur in der Bundesrepublik, In: DA, 1/2012, S. 126–135.

58 *Handwörterbuch zur politischen Kultur der Bundesrepublik Deutschland*, a. a. O., Art. Politische Moral, S. 407.

3. Zur juristischen Auffassung der DDR-Unrechtsstaatsthese

Wie bereits in den politologischen Darstellungen weniger die historiographischen Entwicklungsbedeutungen im Zentrum standen, stehen auch in der folgenden juristischen Darstellung die derzeitigen Bedeutungen im Mittelpunkt der Untersuchung. Ebenso kann hier nur auf (west-)deutsche Definitionen zurückgegriffen werden, da es ebenfalls für diese Definitionen keine übergeordneten und frei von subjektiven Empfinden vorhandenen Erklärungen gibt. Aber auch Definitionen aus der Sicht der einstigen DDR können hier nicht angeführt werden, da ideologische Sichtweisen die juristischen Auffassungen behindern. Auch dies führt zu Einschränkungen.[59]

Auf die Frage, was denn die DDR für ein Staat war, wird allzu oft mit dem Terminus des *Unrechtsstaates* geantwortet. Doch greift dies zu kurz. Worin jedoch bei diesem Begriff die Bedeutung besteht, ist oftmals nicht bekannt oder wird nicht benannt. Hierbei vermischen sich verschiedene Aspekte, die manchmal aus der Sicht der Moral, manchmal aus der Sicht der Rechtsstaatsordnung, manchmal aus der politologischen oder propagandistischen Sicht her argumentieren. Eine klare wissenschaftliche Abgrenzung findet nicht oder kaum statt. Um die Wortbedeutung des Terminus *Unrechts* sondieren zu können, ist es erforderlich, daneben auch andere theoretische Definitionen näher zu betrachten. Dazu zählen vor allem die Begriffe des *Rechts,* der *Moral,* des *Rechtsstaats* und die *Rechtsverordnung*. Im Folgenden Abschnitt werden aus juristischer Sicht diese Definitionen aufgezeigt, da sie für das Verständnis dieses Sachverhaltes des *Unrechtsstaates* wichtig sind. Dabei steht das Sichtbarmachen im Vordergrund, wo sich solche Vermischungen ergeben. Eine weitere Vertiefung in die Begrifflichkeiten kann hier nicht erfolgen.

---

59 Vgl. z.B. Rechtslexikon, Hrsg. vom Staatsverlag der DDR, Berlin 1988, Art. Moral, S. 241, Spalte 1; Art. Recht, S. 280, Spalte 2; Art. Rechtsordnung, S. 298, Spalte 1.

3.1 Juristisches Selbstverständnis von Recht und Unrecht

Der Begriff des *Rechts* birgt das Bild des Geraden bzw. des Richtigen in sich. Auch ist in den unterschiedlichen Wissenschaften der Rechtstheorie, der Rechtsphilosophie sowie der Rechtssoziologie bis heute kein Konsens über die Begrifflichkeit des *Rechts* erreicht worden. Nach wie vor sorgt dies für Kontroversen.

Aus juristischer Sicht, ist unter dem Ausdruck *Recht*, der so vielschichtig und umfassend ist, sodass er sich nicht mehr einheitlich bestimmen lässt, folgendes zu verstehen: im objektiven Sinne betrachtet, ist es die Rechtsordnung einer Gesamtheit von Rechtsvorschriften, dass das gegenseitige Verhältnis von Menschen oder aber ihnen höher gestellten Hoheitsträgern regelt. Zum einen kann dies vornehmlich entstanden sein, dann wird es als gesetztes Recht bzw. Rechtsnorm[60] bezeichnet. Zum anderen kann sich dies aber auch in mehrjähriger Erfahrung herausgebildet haben, dann wird es als Gewohnheitsrecht[61] bezeichnet. Die Rechtsetzung erfolgt durch Staaten bzw. supranationale Organisationen wie dem europäischen Recht. Die verschiedenen Rechtsnormen, wozu auch geschriebenes und ungeschriebenes Recht zählen, die in ihrer Gültigkeit sowohl innerhalb einer bestimmten Gemeinschaft als auch innerhalb eines bestimmten Bereiches faktisch gelten, sind vom Menschen erschaffene und werden daher als positives Recht bezeichnet.

---

60 Als gesetztes Recht wird juristisch das in Rechtsgesetze gegossene Recht bzw. auch als das geschriebene Recht bezeichnet. Das geschriebene Recht entstand durch hoheitliche menschliche Willensakte heraus und lässt sich nach der Art der Willensakte weiter differenzieren in die Erscheinungsformen Verfassung, förmliches Gesetz, Verordnung und Satzung. Das EU-Recht kennt die Verträge, die Verordnungen, die Richtlinien und die allgemeinverbindlichen Beschlüsse. Z. B.: Die Vorschriften des GG wurden am 08. Mai 1949 vom Parlamentarischen Rat beschlossen; Rechtsquelle der Vorschriften ist eine Verfassung.

61 Als Gewohnheitsrecht wird juristisch ein dauernd stillschweigend ausgeübtes Recht bzw. auch als das ungeschriebene Recht bezeichnet. Das ungeschriebene Recht entstand ohne gesetzliche Festlegung; seine Erscheinungsform ist das „Ungeschriebensein“. Es lässt sich je nach der Entstehungsursache weiter differenzieren in die Erscheinungsformen Gewohnheitsrecht, Richterrecht und „allgemeine Rechtsgrundsätze“.

Dem gegenüber steht das subjektive Recht. Darunter ist zu verstehen, dass es sich hierbei um eine Berechtigung handelt, die sich unmittelbar aus dem objektiven Recht ergibt oder infolge des objektiven Rechts erworben worden ist. Dies kann sowohl ein Herrschaftsrecht, ein Anspruch als auch ein Gestaltungsrecht sein.[62] Es bezeichnet das einzelne Recht. Darüber hinaus werden die Rechtsnormen des objektiven und subjektiven Rechts noch in einer Vielzahl unterschiedlicher Rechte differenziert[63], wobei die wichtigsten dabei das öffentliche und private Recht bilden. Zu den öffentlichen Rechten zählen das Staatsrecht, das Verwaltungsrecht, das Strafrecht, das Kirchenrecht, das Steuerrecht oder das Sozialversicherungsrecht. Hingegen gehören zum privaten Recht nur das bürgerliche Recht (BGB) sowie das übrige oder auch allgemeine Zivilrecht.[64]

In den Verfassungsreformen der DDR von 1968 und 1974 hatte die Betrachtung von Recht andere Akzentuierungen. Hier bewirkten schon ‚Mittel' der Diktatur, dass sich das Recht nach sozialistisch-juristischem Verständnis nach einer anderen Prämisse zu richten hatte. Diese sozialistische Sicht, die zugleich auch eine politisch-ideologische Frage war und sich vom bürgerlichen Rechtsverständnis entfernen sollte, wurde bereits im April 1958 auf der Babelsberger Konferenz beschlossen. Im Ergebnis dieser Konferenz kann konstatiert werden, dass frühe reformatorische Gegenpositionen, die unter anderem die Relevanz in einer Gewaltenteilung und als demokratisches Mittel eines Rechtsstaates sahen, wie dies bspw.

62 Herrschaftsrechte bezeichnen bspw. das Eigentum oder das Urheberrecht; Ansprüche bspw. ein Forderungsrecht wie Kaufpreiszahlung und Gestaltungsrechte bspw. Darlehensvertrag-Kündigungen.

63 Weitere Unterscheidungen sind: – derivates Recht (z.B. Verordnungen) oder originäres Recht (insbes. Gesetze); – dispositivem, abdingbaren oder zwingendem Recht; – materielles oder formelles Recht; – nachgiebige und zwingende Rechtsnormen; – billigem und strengem Recht; – in Bundesrecht, Landesrecht und autonomes Recht (z.B. Kommunalrecht); – in verfassungsrechtliche, gesetzliche und untergesetzliche Normen sowie in inländisches und ausländisches Recht.

64 Vgl. *Rechtswörterbuch*, begründet von Carl Creifelds, München [20]2011, Art. Recht, S. 964; *Deutsches Rechts-Lexikon*, hrsg. von Dr. Horst Tilch und Prof. Dr. Frank Arloth, München [3]2001, Art. Recht, hier Bd. 3, S. 3445 f.; *Staatslexikon* für Recht, Wirtschaft, Gesellschaft, hrsg. von der Görres-Gesellschaft, Freiburg i. Breisgau [7]1988, Art. Recht, hier Bd. 4, S. 665–686.

Hermann Klenner[65] tat, zunichte gemacht wurden. Mit der zunehmenden sozialistisch-politischen Einmischung und der Reduzierung des Rechts als Instrument der Politik sowie dem politischen Bewusstsein, sich gleichermaßen auch als wissenschaftlich zu betrachten, führte diese Konzeption von Karl Polak[66] dazu, dass das Verständnis von der ‚Politik hat immer Recht' vorherrschend wurde.[67]

Bei der Suche nach dem Begriff *Unrecht*[68] in juristischen Lexika fällt merkwürdigerweise auf, dass die juristische Fragestellung zur Definition von *Unrecht* und ihre Anwendung auf DDR-Recht, zumindest bei den hier betrachteten Termini nicht zu finden sind. Erst in der Umkehrbetrachtung und beim Lesen des Artikels Unrecht, wird ein Zusammenhang zu den Bezeichnungen Recht und Rechtsordnung (siehe Punkt 3.2) erkennbar. So entspricht nach rechtswissenschaftlichem Verständnis der Ausdruck *Unrecht* dem Gegenteil von Recht, „der in einer Verletzung der Rechtsordnung zum Ausdruck kommt".[69] Tritt ein Verstoß gegen die Rechtsordnung ein (zumeist von der Rechtsordnung geschützte Rechtsgüter[70]) und ist demzu-

65 Hermann Klenner (* 5. Januar 1926) ist ein deutscher Jurist.

66 Karl Polak (* 12. Dezember 1905 in Westerstede; † 27. Oktober 1963 in Ost-Berlin) war ein deutscher Jurist, Mitglied des Staatsrates der DDR und Mitverfasser der DDR-Verfassung von 1948/1949.

67 Die Babelsberger Konferenz (2.-3. April 1958) war eine rechtswissenschaftliche Konferenz. Auf dieser wurden wesentliche Grundlagen für die DDR herrschende Rechtstheorie und vor allem Rechtspraxis gelegt.
Vgl. Uwe-Jens Heuer; Gerhard Riege (Hrsg.): Der Rechtsstaat – eine Legende? Erfahrungen zweier Rechtswissenschaftler 1990/91 in Volkskammer und Bundestag, Baden-Baden 1992, S. 12 sowie Hermann Klenner: Vorwärts, doch nicht vergessen: Die Babelsberger Konferenz von 1958, In: Utopie kreativ, Heft 174, (April 2005), S. 291–305.

68 In diesem Kontext lässt sich leider kein genauer zeitlicher Ursprung des immer wieder für die Auseinandersetzung mit der DDR benutzten Begriffes *Unrechtsstaat* und seinen Eingang in die politische Debatte eruieren. Wenngleich sich auch eine mit großem Abstand zum Geschehenen späte Bereitschaft in der Bundesrepublik herausbildete, die politologische bzw. historische Klassifizierung des NS-Staates als *Unrechtsstaat* zu bezeichnen, ist hingegen im Kontext mit der Thematik der DDR schon früh dieser Terminus platziert worden.

69 *Deutsches Rechts-Lexikon*, a. a. O., Art. Unrecht, hier Bd. 3, S. 4301.

70 Alle Rechtsgüter werden dadurch geschützt, dass ihre Verletzung mit Strafe bedroht ist. Unter Rechtsgüter sind im groben zu verstehen: 1. Individualrechtsgüter = Schützen die Rechtsgüter des einzelnen Bürgers. Sie werden noch

folge ein Tatbestand gegeben, so zieht *Unrecht* als Gegenwirkung darauf, eine Rechtsfolge nach sich. Hierbei wird zwischen einem öffentlich- und einem privatrechtlichen Vergehen unterschieden. Während im ersteren Fall eine öffentlichrechtliche Strafe erfolgt, ist beim privatrechtlichen Vergehen, was in der Regel vorwiegend als eine unerlaubte Handlung gesehen wird, eine Schadensersatzverpflichtung die Folge. Um aus *Unrecht* wieder Recht zu machen, da es sich ja rein juristisch um eine Verletzung der von den Rechtsordnungen geschützten Rechtsgüter handelt, kann als Ausnahme anhand eines Rechtfertigungsgrundes[71] eine Rechtfertigung erfolgen, sodass nunmehr der Umstand eines *Unrechts* de jure nicht mehr gegeben ist.[72]

3.2 Juristisches Selbstverständnis vom Rechtsstaat und von Rechtsverordnung

Während sich der Begriff des *Unrechts* schwieriger im Kontext der Rechtsstaats und Unrechtsstaatsdebatte verdeutlichen lässt, ist der Begriff des *Rechtsstaats* hingegen juristisch eindeutiger. So geht „[d]er Gedanke des rechtlich gebundenen Staates und die Herstellung einer Überlegenheit des Rechts über die Machtinteressen bei der Ausübung von Herrschaft [...] [auf] europäisch beeinflusste[s] Staats- und Verfassungsdenken“ zurück. Dagegen bildet die Bezeichnung „einer Verbindung von Staat und Recht“ mittels des „Begriffe[s] Rechtsstaat [...]“ im deutschen Sprachraum eine Be-

---

zwischen a) Persönlichkeitsschutz (Schutz von Persönlichkeitswerten, Leben, Ehre, Freiheit et al.) und b) in Vermögensschutz (Schutz des Vermögens, Eigentum et al.) unterschieden. 2. Allgemeinrechtsgüter = Schützen Rechtsgüter der Allgemeinheit (bspw. öffentliche Ordnung, Sicherheit, Umwelt et al.). Grundlegende juristische Einführung zu den Rechtsgütertheorien siehe hierzu: Claus Roxin (Hrsg.): Strafrecht, Allgemeiner Teil, Bd. 1, Grundlagen. Der Aufbau der Verbrechenslehre, München [4]2006.

71 Zu den Rechtfertigungsgründen zählen Z.B.: Notwehr, § 32 StGB / rechtfertigender Notstand, § 34 StGB / defensiver (verteidigender) Notstand, § 228 BGB / aggressiver (angreifender) Notstand, § 904 BGB / Selbsthilfe, § 229 BGB. Wird ein tatbestandsmäßiges Verhalten von einem Rechtfertigungsgrund erfasst, so ist das Verhalten nicht rechtswidrig. Die Rechtfertigung gilt nach heutiger Meinung in der gesamten Rechtsordnung, also insbesondere auch im Zivil- und im öffentlichen Recht.

72 Vgl. *Deutsches Rechts-Lexikon*, a.a.O., Art. Unrecht, hier Bd. 3, S. 4301.

sonderheit.[73] Diese Verbindung hat ihren Ursprung in der historischen Entwicklung, sodass sich formale Kriterien herausbildeten, die dies ermöglich(t)en und sich zudem nicht erst nach dem Ende des Zweiten Weltkrieges zu konstituieren brauchten. Außerdem bildet es eine Vergleichsperspektive, die nicht nur das eine deutsche Grundgesetz gegen eine andere deutsche Verfassung gegenüberstellt und somit die bis heute bestehende als die ‚Richtlinie' schlechthin betrachtet sowie zu einer Frage des Bewertungs-Maßstabes wird. Zunächst entstand der Begriff Rechtsstaat als eine Art Gegenbegriff (aus dem liberalen und demokratischen Rechtsstaats-Verständnis) zum im 19. Jahrhundert vorstehenden deutschen ‚Polizeistaat'[74], der eng im Zusammenhang mit der Grundvorstellung des Verfassungsstaates steht. Zu den sich im Laufe der Zeit entwickelten und bis heute anerkannten Kriterien zählen unter anderem die Gesetzmäßigkeit der Verwaltung, die Gewaltenteilung sowie die Institutionen einer Verwaltungsgerichtsbarkeit. Jedoch konnte sich nur ein ‚liberales' und nicht wie gefordert ein ‚demokratisches'[75] Rechtsstaats-Verständnis legitimieren, da die politischen Kon-

---

73 *Staatslexikon*, a. a. O., Art. Rechtsstaat, hier Bd. 4, S. 739.

74 Als ‚Polizeistaat' wird ein Staatswesen bezeichnet, in welchem Verwaltungsorgane, zum Teil ohne vom Gesetzgeber erlassene und geprüfte Grundlagen, tätig werden dürfen. Der Ausdruck *‚gute Policey'* stand seit dem Mittelalter für eine gute Verwaltung. Nach dem Wiener Kongress 1815 sowie dem gesellschaftlichem Wandel wurde der ‚Polizeistaat' zunehmend repressiv. Da das absolutistische Staatssystem nicht mehr als einzig denkbare Staatsform akzeptiert wurde, konnte es somit als Kampfinstrument gegen politisch Andersdenkende benutzt werden. Nach heutiger Meinung sowie nach der materiellen allerdings zugleich auch politischen Definition entspricht ein ‚Polizeistaat' einem Repressions- und Überwachungsstaat. Vgl. Andreas Hauer: Ruhe, Ordnung, Sicherheit, Wien 2000, S. 402 ff.

75 Als ein *liberales* Rechtsstaats-Verständnis wird im 19. Jahrhundert der Kompromiss zwischen der bürgerlichen Gesellschaft gegen die monarchisch-aristokratische Gewalt gesehen und beinhaltet vorerst die Absicherung der bürgerlichen Interessen, insbesondere die politische und wirtschaftliche Freiheit vor staatlichen Willkürmaßnahmen. Zu den liberalen Forderungen zählten unter anderem Gewaltenteilung, Rechtstaat und Pressefreiheit sowie eine konstitutionelle Monarchie mit einem Erbkaisertum. Der monarchische Obrigkeitsstaat gestand lediglich den Schutz der wirtschaftlichen Interessen zu. Sonach entwickelte sich ein wirtschaftlicher Liberalismus heraus, der die Tätigkeit des Staates nunmehr darin sah, die bloße Sicherung der Eigentums- und Freiheitsrechte der Besitzenden zu beschränken.

stellationen zwischen der konstitutionellen Bewegung einerseits und der monarchisch-aristokratischen Gewalt andererseits sich nicht einigen konnten. Die monarchisch-aristokratische Gewaltstruktur musste – vorerst – als gegeben hingenommen werden. Erst mit dem Ende des Kaiserreiches konnten sich endlich auch die oben erwähnten Kriterien durchsetzen und die Weimarer Republik zu einem Rechtsstaat werden. Sowohl das Grundgesetz der Bundesrepublik Deutschland als auch die Verfassung der DDR zeigen, dass in beiden deutschen Nachkriegsstaaten dies festgeschrieben und mit bedacht wurde.[76] Eine weitere Begrifflichkeit, die eng im Zusammenhang mit dem Rechtsstaat steht, ist die Rechtsstaatlichkeit. Das bedeutet, dass ein Staat eine Rechtsordnung aufstellt und diese auch garantiert. Sowohl für den einzelnen Bürger als auch für eine Gemeinschaft oder gar für Institutionen. Ferner gilt die Gewaltenteilung[77] als eines der wichtigsten und zugleich auch klassischen Elemente eines Rechtsstaates. Vor allem deshalb, um zum einen Machtmissbrauch zu verhindern und zum anderen eine gegenseitige Kontrolle der staatlichen Gewalten zu gewährleisten. Ein weiteres Element ist das Primat des Rechts, dass den Vorrang der Verfassung gegenüber dem Gesetz, sprich eine Selbstbindung des Staates an das von ihm gesetzte Recht, verankert. Gleichwohl in einem Rechtsstaat nicht alle Lebensbereiche mittels rechtlichen Regelungen abgedeckt sein können,

---

Hingegen ist unter einem *demokratischen* Rechtsstaats-Verständnis des 19. Jahrhunderts eine Bindung des Staates an rechtsstaatliche Grundsätze zu verstehen. Darunter zählten die Achtung und Gewährung persönlicher Freiheitsrechte (Grundrechte) sowie eine Garantierung rechtsstaatlicher Kontrolle der öffentlichen Gewalt durch unabhängige Gerichte. Eine volle Einordnung der deutschen Verhältnisse in die europäische demokratisch-liberale Rechts- und Verfassungsstaatlichkeit konnte erst mit der Weimarer Reichsverfassung von 1919 realisiert werden. Zahlreiche Forderungen gingen in diese Verfassung ein. Vgl. Uwe Backes: Liberalismus und Demokratie – Antinomie und Synthese. Zum Wechselverhältnis zweier politischen Strömungen im Vormärz, Düsseldorf 2000.

76 Vgl. ‚Das Grundgesetz für die Bundesrepublik Deutschland' [vom 23. Mai 1949] sowie ‚Die Verfassung der Deutschen Demokratischen Republik' [vom 07. Oktober 1949].

77 BVerfGE 34, 269, (286). Die einzelnen Entscheidungen werden in der üblichen juristischen Form „BVerfGE *Band*, *Anfangsseite* (*Zitatstelle*)" zitiert, bspw. „BVerfGE 34, 269, (286)". D. h., dass die zitierte Entscheidung in Band 34 der Entscheidungssammlung steht und auf Seite 269 beginnt; die Stelle, auf die es dem Zitierenden ankommt, steht auf Seite 286.

haben aber dort, wo gesetzmäßige Normierungen bereits bestehen, diese den Vorrang vor anderen Maßstäben.

Ein anderes Element eines Rechtsstaates ist die Garantie von Grundrechten, welche die in gleicher Weise vorhandene Freiheit aller Bürger verfassungsrechtlich sicherstellt. Des Weiteren zählt das Gebot der Rechtssicherheit[78] zu den Elementen eines Rechtsstaates, welches eine Messbarkeit von staatlichen Handlungen gegenüber dem Betroffenen ermöglicht und so auch voraussehbar wie berechenbar macht. Doch leiten sich von diesem Gebot Forderungen ab, wie des prinzipiellen Verbots rückwirkender belastender Gesetze – nullum crimen sine lege; nulla poena sine lege[79] – zwingend bei bzw. für Strafgesetze, die ein Spannungsverhältnis zwischen dem Gebot der Rechtssicherheit sowie dem der Gerechtigkeit darstellen.[80] So lässt sich beides „nicht immer gleichmäßig berücksichtig[en] […]“, aufgrund dessen, dass die „Fundamentalelemente des Rechtsstaates und die Rechtsstaatlichkeit im ganzen gewahrt bleiben müssen“.[81]

Die Betrachtungen des Begriffes *Rechtsverordnungen* und seine juristische Definition erscheinen auf den ersten Blick fraglich, da sie sich nicht in den Kontext mit der Thematik dieser Arbeit setzen lassen, erschließen sich aber im Nachfolgenden. Denn nach rechtswissenschaftlichem Verständnis definiert sich der Ausdruck *Unrecht,* der zwar als Gegenteil von Recht gesehen wird, nur in einer Verletzung oder Verstoß gegen eine Rechtsverordnung. Und nur dadurch ist infolgedessen der Tatbestand gegeben, von *Unrecht* im wissenschaftlichen, besonderes im juristischen, Sinne sprechen zu können. Und nur gegen diese Verletzung ‚begangenes‘ *Unrecht* kann eine Rechtsfolge nach sich ziehen. Alle anderen Sichtweisen bieten keine genauere oder eindeutigere Abgrenzung, sodass moralische, emotionale

78 BVerfGE 59, 128, (164).
79 (*lat.*): „kein Verbrechen ohne Gesetz“ (in Bezug auf die Strafbarkeit); „keine Strafe ohne Gesetz“ (in Bezug auf die Strafandrohung) sind fundamentale Grundsätze des modernen Strafrechts. Der besagt, dass eine Handlung, die durch kein Gesetz mit Strafe bedroht (pönalisiert) ist, nicht willkürlich zur Straftat erklärt werden kann.
80 Vgl. *Rechtswörterbuch*, a. a. O., Art. Rechtsstaat, Spalte 2, S. 980 f.; *Deutsches Rechts-Lexikon*, a. a. O., Art. Rechtsstaat, hier Bd. 3, S. 3498 f.; *Staatslexikon*, a. a. O., Art. Rechtsstaat, hier Bd. 4, S. 737–747.
81 BVerfGE 7, 89, (92 f.), st. Rspr. = Ständige Rechtsprechung.

sowie politologische Akzente die Betrachtung mit beeinflussen. Inwiefern dies in einer gewissen Diffamierungsabsicht steht, bleibt wissenschaftlich zunächst offen.

Im juristischen Sinne bezeichnen die Rechtsverordnungen die Gesamtheit aller Rechtssätze, die durch die staatliche Exekutive erlassen werden und somit für jeden Bürger gelten. Sie werden in der Regel nicht im ‚förmlichen' (formellen Sinn) Gesetzgebungsverfahren beraten und verabschiedet wie bspw. vom Deutschen Bundestag, sondern infolge einer gesetzlichen Ermächtigung zumeist von Bundes- oder Landesregierungen. Mitunter können sie auch von staatlichen Verwaltungsbehörden oder Selbstverwaltungskörperschaften[82] erlassen werden. So gesehen entsprechen Rechtsverordnungen vielmehr Gesetzen im ‚materiellen' Sinne, denn ihre Aussagen, im Wesentlichen auf Aus- sowie Durchführungsaufgaben begrenzt, beinhalten Rechte und Pflichten gleichwie Gesetze und gelten für jeden Bürger. Allerdings unterliegen die Rechtsverordnungen, die, wie bereits erwähnt, eine gesetzliche Ermächtigung bedürfen, besonderen Bestimmungen. Zum einen müssen in ihnen über den Inhalt, den Zweck sowie des Ausmaßes Angaben getroffen werden. Dementsprechend muss der Grund ihres Erlasses nicht nur nachvollziehbar, sondern auch voraussehbar sein. Voraussehbar insofern, welchen tendenziellen Gebrauch die zu erlassenen Rechtsverordnungen zukünftig haben werden. Zum anderen können sie nur aus oder von bestehenden Gesetzen ergehen und dürfen nicht rechtswidrig sein. Sie sind unzulässig, wenn sie als ‚gesetzvertretende' Verordnungen im Sinne einer selbstständigen Ermächtigung[83] erlassen werden oder aber gegen Grundnormen der Verfassung verstoßen. Darüber hinaus sind eigenständige Ermächtigungen, eines früheren Rechts zu gesetzvertretenden Verordnungen, mit dem Inkrafttreten einer neuen Verfassung oder Gesetzes erloschen.[84] Ihre Rechtsgültigkeit tritt nur dann in Kraft, wenn eine ordnungsgemäße wie regelmäßige Verkündung, bspw. in Deutschland in der Regel im

82 Z.B. Universitäten, Krankenkassen und Berufsgenossenschaften.

83 Z.B. die Grundlage eines Notverordnungsrechts, auch als Notverordnung bezeichnet, wie sie bspw. im Artikel 48 der Weimarer Reichsverfassung als reguläres Verfassungs-Instrument bestand. Obgleich die Begriffe nicht explizit genannt wurden, ließen und erlaubten sie aber weit reichende Möglichkeiten einer Regierung im Ausnahmezustand zu.

84 Z.B. das GG der Bundesrepublik Deutschland im Art. 129, Abs. 3.

Bundesgesetzblatt (BGBl.) oder Gesetz- und Verordnungsblatt (GVBl.), erfolgt. Gleichwohl Rechtsverordnungen nicht nur in ihrer Entstehungszeit eingebunden sind, sondern auch aus dieser Zeit her betrachtet werden müssen, existieren daneben einerseits auch fremde Rechtsverordnungen, die sich in der Rechtswirklichkeit unterscheiden. Sie zu modifizieren dient der Rechtspolitik. Andererseits aber erlangten sie – die Rechtsverordnungen – seit jüngster Zeit eine große Bedeutung. Dies geschah auf der Grundlage dessen, dass sich so ein langwieriger und umständlicher Gesetzgebungsweg nicht nur einsparen lies, sondern dadurch auch eine umgehende Anpassung an die momentane Rechtslage ermöglichte. Sie tragen so zur Einheit der Rechtsordnung bei.[85]

3.3 Juristisches Selbstverständnis von Moral

Der juristische Terminus der *Moral* ist ebenso vielschichtig wie auch unscharf, da bisweilen andere Begriffe wie Ethik, Sitte, Brauch, Konvention und Gewohnheit darunter verstanden werden sowie teilweise miteinander verwandt sind. So fällt es schwer eine klare Definition von Moral aufzustellen, denn dies ließe sich nur im Vergleichen wie Unterscheiden mit den anderen Termini anschaulicher erklären. Im Zusammenhang dieser Arbeit wird daher im Folgenden nur die (scheinbare) Polarität von Recht und Moral betrachtet.

Recht und Moral lassen sich nicht immer miteinander in Einklang bringen. Der Grund dafür liegt darin, dass die Moral einen Appellationscharakter besitzt und sich somit als eine Verhaltensregel oder aber eine Verhaltensweise an die ‚innere' Gesinnung des Menschen richtet. Hingegen regelt das Recht lediglich nur das äußere Verhalten des Menschen. Wird die Moral innerhalb einer Gemeinschaft nicht beachtet, kann dies Sanktionen zur Folge haben. So kann ein moralisches Verhalten nur dann erzwingbar werden, wenn es von Rechtsvorschriften verlangt wird. Andererseits kann das Recht die moralische Pflichterfüllung nicht erzwingen, sondern sie kann sie nur ermöglichen. Dieses Paradoxon lässt schon die Unschärfe, die diese Begriffe

85 Vgl. *Rechtswörterbuch*, a.a.O., Art. Rechtsverordnung, Spalte 1, S. 982 f.; *Deutsches Rechts-Lexikon*, a.a.O., Art. Rechtsordnung, hier Bd. 3, S. 3489; *Staatslexikon*, a.a.O., Art. Verordnung, hier Bd. 5, S. 703–705.

mit sich bringen, aufzeigen. Wenn beides aber nicht immer in Einklang zu bringen ist, lässt sich dann das Recht von der Moral trennen? Diese Frage stellten sich schon drei Personen, deren Namen damit untrennbar verbunden sind: Immanuel Kant, Christian Thomasius und Johann Gottlieb Fichte.[86] Doch auch zeitgenössische Vertreter versuchten sich dieser Thematik zu nähern. Zu ihnen zählen unter anderem William Graham Sumner und Hans Kelsen.[87] Ihre Erkenntnisse spiegeln sich zum einen in der Theorie des Rechtspositivismus und zum anderen in den meisten Naturrechtslehren wider. Während sich der Rechtspositivismus[88] zur Lösung von Rechtsfragen

86 Immanuel Kant (* 22. April 1724 in Königsberg; † 12. Februar 1804 ebenda) deutscher Philosoph der Aufklärung / Christian Thomasius (* 1. Januar 1655 in Leipzig; † 23. September 1728 in Halle (Saale)) deutscher Jurist und Philosoph / Johann Gottlieb Fichte (* 19. Mai 1762 in Rammenau bei Bischofswerda; † 29. Januar 1814 in Berlin) deutscher Erzieher und Philosoph.

87 William Graham Sumner (* 30. Oktober 1840 in Paterson, New Jersey; † 12. April 1910 in New Haven, Connecticut) amerikanischer Soziologie / Hans Kelsen (* 11. Oktober 1881 in Prag im damaligen Österreich-Ungarn; † 19. April 1973 in Orinda bei Berkeley, USA) gilt als einer der bedeutendsten Rechtswissenschaftler des 20. Jahrhunderts.

88 Ist eine rechtstheoretische Auffassung von Recht, die dieses mit den positiven, d. h. vom Gesetzgeber gesetzten oder als Gewohnheits- oder Richterrecht geltenden Normen gleichsetzt. Der Rechtspositivismus lässt formale Kriterien der Rechtsentstehung, -durchsetzung oder -wirksamkeit für die Kennzeichnung sozialer Normen als „Recht“ genügen, ohne – wie das Naturrecht – eine inhaltliche Bezugnahme und Parallelität zu außergesetzlichen Rechtserkenntnisquellen (göttliche Gebote, Naturgesetze, Vernunft, Idee der Gerechtigkeit, Menschenrechte) als notwendig zu betrachten. Dabei betonen neuere Vertreter des Rechtspositivismus einschränkend, dass mit der Annahme solcher formaler Kennzeichnungskriterien weder die Frage nach einer ethischen Rechtfertigung der Rechtsinhalte, noch die Entscheidung für oder gegen die Rechtsbefolgung präjudiziert sei. Zu differenzieren ist v. a. zwischen der Perspektive des Richters und der des Verfassungs-, Gesetzes- oder Verordnungsgebers. In Deutschland wurde der Rechtspositivismus nach 1945 teilweise für den Gehorsam gegenüber den nationalsozialistischen Unrechtsgesetzen verantwortlich gemacht, [da er sich in der Rechtsdiskussion als problematisch erwies, als sich nach dem Zweiten Weltkrieg unter anderem Richter für Rechtssprüche aus der Zeit des Nationalsozialismus verantworten mussten und ihre Entscheidungen mit dem positiven Recht begründeten[*)]]. Die schon seit Anfang des 20. Jh. vorhandenen Gegenströmungen traten nun in den Vordergrund, etwa der Gedanke, dass positives (d. h. gesetztes) Recht wegen seines Inhalts legislatives Unrecht sein könne

allein auf das positive Recht (gesetztes Recht und Gewohnheitsrecht) stützt, betont das Naturrecht[89] als auch moderne Diktaturen die Gleichheit von Recht und Moral.

Indessen entsprechen allerdings beide Auslegungen nicht der wechselseitigen Beziehung, die zwischen Moral und Recht besteht, denn das Recht steht nicht im Zusammenhang mit der Gesamtheit der moralischen Werte. Vielmehr existiert nur eine wesensähnliche Zusammengehörigkeit in einem,

---

(so Gustav Radbruch). Z. T. fanden für kurze Zeit naturrechtliche Gedanken Eingang in die Rechtsprechung, doch schon bald entwickelte sich eine Pluralität von Positionen, deren Auseinandersetzungen bis heute unvermindert anhalten. Vgl. Duden Recht A-Z, a.a.O., hier S. 377 f. Obgleich der Duden als Lexika im wissenschaftlichen Verständnis etwas zweifelhaft erscheint, gilt dieser hier angegebene in der juristischen Begriffsdefinition als durchaus zulässig.
*) Als »zweite Schuld« bezeichnet man die Unwilligkeit und das Versagen bei der Aufarbeitung der »ersten« Schuld, also den Verbrechen des Nationalsozialismus (nach einem Buch von *Ralph Giordano*, Die zweite Schuld oder Von der Last Deutscher zu sein, Hamburg 1987). Nachdem die Verstrickung vieler bzw. mehr oder weniger aller damals aktiven Juristen recht gut erforscht ist, wurde in den letzten Jahren das Versagen des juristischen Establishments der Bundesrepublik bei dem Umgang mit Naziverbrechern und belasteten Berufskollegen zum Thema. Hier bspw. ein einschlägiges Buch zu dieser Thematik: Eva Schumann (Hrsg.): Kontinuitäten und Zäsuren. Rechtswissenschaft und Justiz im »Dritten Reich« und in der Nachkriegszeit, Göttingen 2008.
Gleichwohl der Rechtspositivismus durch die Geschehnisse in der ersten Hälfte des 20. Jh. negativ konnotiert wurde, entwickelten sich dann in der zweiten Hälfte neuere Ansätze, die zwar darauf Bezug nehmen, aber nicht mehr unter dieses klassische Gegensatzpaar fallen. Dazu zählen insbesondere die Systemtheorie des Rechts (z.B. Niklas Luhmann) als auch verschiedene Diskurstheorien des Rechts (z.B. Jürgen Habermas).

89 (lat.: ius naturale). Philosoph. Begriff, der über das von Menschen geschaffene Recht (das sog. positive Recht) ein ideales Rechtssystem setzt, das mit der Natur des Menschen, der Natur der Welt (des Universums etc.) begründet wird. Dieses „von Natur aus vorgegebene" (höchste, auf den göttlichen Prinzipien etc. beruhende) Recht wird als universal (über Menschen und Völker hinaus) und immerwährend (über Raum und Zeit hinaus) geltend und letztlich als Basis des von Menschen geschaffenen Rechts angesehen. Vgl. Klaus Schubert, Martina Klein (Hrsg.): Politiklexikon, Bonn [4]2006, hier S. 190. Äußerst lesenswert dazu: Horst Dreier: Naturrecht und Rechtspositivismus. Pauschalurteile, Vorurteile, Fehlurteile, In: Wilfried Härle, Bernhard Vogel (Hrsg.): „Vom Rechte, das mit uns geboren ist", Aktuelle Probleme des Naturrechts, Freiburg 2008, S. 127–170.

jedoch ist es der entscheidende Punkt: der Gerechtigkeit. Zwar stellt diese nicht den höchsten Grundwert dar, dafür aber den „elementarsten und für das menschliche Zusammenleben bedeutsamsten".[90]

Aufgrund der vielfältigen Spannungen zwischen rechtlichem und moralischem Wert[91], liegen dennoch die Verbindlichkeiten der Moral als auch des Rechts darin, dass das Recht jene Voraussetzungen für eine äußere Freiheit ermöglicht, die eine innere Freiheit der moralischen Pflichterfüllung entstehen lässt. So sind zwar Moral und Recht in gewissen Gesichtspunkten verschieden – unter anderem bei den Verhaltensregeln – aber dennoch nicht voneinander geschieden.[92]

---

90 *Staatslexikon*, a.a.O., Art. Moral, hier Bd. 3, S. 1223, Spalte 1.

91 Bspw. Spannungen im Zusammenhang mit: dem moralischen Zwecksubjekt; der Autonomie und Heteronomie; der Äußerlichkeit und Innerlichkeit; der Legalität und Moralität.

92 Vgl. *Rechtswörterbuch*, a.a.O., Art. Recht, Spalte 2 Absatz 4 Recht und Moral S. 964; *Staatslexikon*, a.a.O., Art. Moral, hier Bd. 3, S. 1219–1227.

4. Historische Betrachtung I

Nach den juristischen und den politologischen Ebenen der Begriffsbetrachtungen soll im weiteren Verlauf dieser Arbeit die DDR-Unrechtsstaatsauffassung im historischen Deutungsspektrum dargestellt werden.

‚Politische Kampfbegriffe' zählen ebenso wie Tabuthemen zu den Phänomenen, die in den letzten Jahren mehr und mehr Einzug sowohl in der Öffentlichkeit als auch in der Wissenschaft hielten, nicht zuletzt auch wegen ihrer zunehmenden Medialisierung. Auffälligerweise trägt so eine Charakterisierung des wissenschaftlichen Analyseansatzes weniger zu den wissenschaftlichen Bestrebungen bei, als vielmehr zur nicht gewollten Bloßstellung. Dieser in die wissenschaftliche Auseinandersetzung mit hinein wirkende öffentliche Aspekt, kann sowohl emotionale wie propagandistische Züge beinhalten als auch durch eine bestimmte politische Konjunktur beeinflusst werden. Zweifelsohne trifft dieses Diktum auch auf den Vergleich beider deutschen Diktaturen des 20. Jahrhunderts zu. Denn die Debatten, die sich anhand des Vergleiches zwischen der Nationalsozialistischen wie der DDR-Diktatur ergaben, führen bis in die jüngste Zeit nicht nur zum emotionalen, sondern auch zur wissenschaftlichen Kontroverse in der Betrachtung und sind nach wie vor noch nicht abgeschlossen. Inwiefern hier um eine Deutungshoheit gleich aus welcher Richtung gerungen wird, ist noch nicht absehbar. Aber die zentralen historischen Strömungen sollen im folgenden Abschnitt Gegenstand des Betrachtens sein. Dazu zählen neben dem Vergleich zwischen NS- und SED-Regime auch der Totalitarismusansatz sowie die Frage: War die DDR eine Diktatur?

4.1 Der historische Diktaturenvergleich zwischen NS- und SED-Regime

Zu der Methodologie in der Geschichtswissenschaft zählen unbestreitbar Vergleiche. Allerdings sind einige historische Gegenüberstellungen bis heute umstritten. Umstritten aber weshalb? Weil die Erkenntnis darin liegt, dass jede historische Genese wie auch die Konstellationen bei genauer Betrachtung einzig, unwiederholbar und damit ohnegleichen ist. Diese Erkenntnis, die im Historismus des 19. Jahrhunderts entstand, entspricht durchaus den historischen Tatsachen.[93]

Dennoch bleibt die Frage bestehen, obgleich beide Diktaturen sowohl publizistisch als auch politisch regelmäßig miteinander verglichen werden: Kann oder darf es einen ‚objektiven' wissenschaftlichen Vergleich beider Diktaturen in Deutschland geben, ohne dass das Argument des historischen Tatbestandes der Singularität, das sich in den Worten *Auschwitz* oder des *Genozids* manifestierte, dafür missbraucht wird und das ein Vergleichsverbot sui generis einschließt?[94] Ja, es kann ihn geben. Denn die Aussage oder die differenzierte Betrachtung hinsichtlich der kriminellen Energie beider Regime ist schon ein Vergleich und zeigt, wie schwer ein Nicht-Vergleichen dieser Thematik überhaupt ist. Zudem ist es auch eine Vergleichsvariante zwischen faschistischer und kommunistischer Diktatur. Und ohne Zweifel werden im Vergleichen weder „die beispiellosen Verbrechen des Dritten Reiches durch den Hinweis auf die Untaten des SED-Staates relativiert, noch letztere mit Blick auf die NS-Verbrechen bagatellisiert".[95]

---

93 Vgl. Thomas Nipperdey: Historismus und Historismuskritik heute, In: Eberhard Jäckel, Ernst Weymar (Hrsg.): Die Funktion der Geschichte in unserer Zeit. Festschrift für Karl Dietrich Erdmann zum 65. Geburtstag, Stuttgart 1975, S. 82–95.

94 Vgl. Ian Kershaw (Hrsg.): Der NS-Staat. Geschichtsinterpretationen und Kontroversen im Überblick, Reinbek ^{2}1994, S. 71 ff. (orig.: The Nazi Dictatorship. Problems and Perspectives of Interpretation, London 1985). Ältere diktaturvergleichende Forschungen, mit denen sich Deutsche beschäftigten, bieten nach wie vor die Arbeiten von Hans Kelsen (The Party-Dictatorship, In: Politica (London), März 1936, S. 19–32), Karl Loewenstein (Autocracy versus Democracy in Contemporary Europe, In: The American Political Science Review, 29 (August 1935), No. 4, S. 571–593 und 29 (October 1935), No. 5, S. 755–784), Eduard Heimann (Communism, Fascism or Democracy?, New York 1938) und Hans Kohn (The Totalitarian Crisis, In: Ders.: Revolutions and Dictatorships, Essays in Contemporary History, Cambridge / Mass. 1941, S. 331–416).

95 Bernd Faulenbach: Probleme des Umgangs mit der Vergangenheit im vereinten Deutschland: Zur Gegenwartsbedeutung der jüngsten Geschichte, In: Werner Weidenfeld (Hrsg.): Deutschland. Eine Nation – doppelte Geschichte, Materialien zum deutschen Selbstverständnis, Köln 1993, S. 175–190, hier S. 190. Zitatursprung ist zurückzuführen auf den Schlussbericht der Ersten Enquete-Kommission „Überwindung der Folgen der SED-Diktatur im Prozess der deutschen Einheit", hrsg. vom Deutschen Bundestag, 8 Bde. in 14 Teilbänden, Baden-Baden 1999, Bd. 1, S. 614 und entstammt vermutlich aus den

Dass es auch diesen Vergleich in der historischen[96] und politischen intensiv durchgeführten Diskussion geben kann, belegen auch die aus beiden Regimen herausgearbeiteten Gemeinsamkeiten und Unterschiede, welche unter anderem in den Enquete-Kommissionen verdeutlicht sind.[97] Inwiefern nach wissenschaftlichem Verständnis ein methodisch-empirischer Vergleich, der neben den Gemeinsamkeiten und Unterschiede auch Ähnlichkeiten zu Tage bringt, aufgezeigt werden könnte, stellte nicht nur eine Schwierigkeit dar, sondern fand auch zunächst keine große Resonanz in der zentralen Wissenschaft.[98] Vielmehr entwickelte sich dieses Vorhaben am Rande. Zu den möglichen komparativen Vorgehensweisen unter methodologischer Prämisse zählen zwei Möglichkeiten: Zum einen der „ganzheitliche, integrale Vergleich", der die Gesamtheit beider diktatorischen Staatsformen erfasst. Zum anderen der „partielle, sektorale Vergleich", der lediglich „ganz bestimmte Strukturen und Mechanismen beider Systeme"[99] betrachtet, um sie

---

Reihen der SPD. Vgl. Deutscher Bundestag (Dt. BT), Drucksache 12/1189 vom 25. September 1991, Parlamentsarchiv Dt. BT.

96 Vgl. Hartmut Kaelble (Hrsg.): Der historische Vergleich. Eine Einführung zum 19. und 20. Jahrhundert, Frankfurt a. M. / New York 1999 sowie Ulrich Herbert: Der Historikerstreit. Politische, wissenschaftliche, biographische Aspekte, In: Martin Sabrow et al. (Hrsg.): Zeitgeschichte als Streitgeschichte. Große Kontroversen nach 1945, München 2003, S. 94–113.

97 Vgl. Horst Möller, Jürgen Kocka: Nationalsozialismus und SED-Diktatur, In: Materialien der Enquete-Kommission „Aufarbeitung von Geschichte und Folgen der SED-Diktatur in Deutschland", (12. Wahlperiode des Deutschen Bundestages). Hrsg. vom Deutschen Bundestag, 9 Bde. in 18 Teilbänden, Baden-Baden / Frankfurt a. M. 1995, Bd. 9, S. 576–597.

98 Der hier beschriebene NS-SED Diktaturvergleich bietet nur eine Vergleichsmöglichkeit. Zu den weiteren Varianten zählen u. a. der interstrukturelle Vergleich, bspw. zwischen der früheren Bundesrepublik und der DDR; der intrastrukturelle Vergleich innerhalb einstiger realsozialistischer Staaten, wie bspw. der ČSSR und der DDR; die vergleichende Faschismusforschung, bspw. Mussolinis Italien und Hitlers Deutschland sowie der systemübergreifende Vergleich zwischen den beiden Extremfällen, wie der stalinistischen Sowjetunion und dem nationalistischen Deutschland.

99 Günther Heydemann: Integraler und sektoraler Vergleich – Zur Methodologie der empirischen Diktaturforschung, In: Ders.; Eckard Jesse (Hrsg.): Diktaturvergleich als Herausforderung, Theorie und Praxis, Berlin 1998, S. 228–233, hier S. 230.

dann in Wechselbeziehungen zwischen den Sektoren wie bspw. der Politik, Gesellschaft oder soziales Schichtverhalten mit der jeweiligen Alltags- und Lebenswelt setzen zu können.[100] Als Einwände aus methodologischer Sicht gelten jedoch beim integralen Vergleich, dass es sich hierbei vielmehr um eine komparative Gegenüberstellung als um den tatsächlichen Vergleich handelt. Denn diese Methode bezieht sich eher auf die Makro-Ebene, aufgrund des historisch wie historiografischen Generalisierens. Dass aber eine Methode nicht ausreicht, um einen Prozess in Gänze zu erfassen oder darstellen zu können, macht deutlich, dass mitunter auch verschiedene Herangehensweisen erforderlich sind. So lässt sich mit dem sektoralen Vergleich, der nun die Mikro-Ebene untersucht, ein wesentlich konkreterer Vergleichsansatz aufzeigen, nicht zuletzt schon wegen der Betrachtungen einzelner oder begrenzter Objekte. Auch sollte gesehen werden, dass die beiden (integralen und sektoralen) Vergleiche nicht in Konkurrenz zueinander stehen, sondern sich vielmehr im wechselseitig einander stehenden Verhältnis ergänzen. Gleichwohl diese Methode eine Möglichkeit bietet, einen Vergleich beider Regime darzustellen, bedarf es einer elementaren Voraussetzung: eine angemessene Basis an Vereinbarkeit. Angemessen insofern, als dass sich „nicht alle historischen Phänomene, Entwicklungen und Spezifika beider Diktaturen [...] miteinander sinnvoll ins Verhältnis setzen [lassen]".[101]

Betrachten wir im Folgenden nun die gegen einen Vergleich vorgetragenen Hauptargumente, um sie anschließend auf ihre logische Richtigkeit hin zu untersuchen. Dazu zählen zum einen die vollkommen unterschiedlichen Herrschaftssysteme, welche den Vergleich de facto ausschlössen. Zum anderen ginge von der DDR weder ein Genozid, noch ein Weltkrieg aus und des Weiteren entstände die DDR nicht aus einer fehlgeschlagenen Demokratie, sondern war vielmehr aus der aufoktroyierten Besatzungsmacht hervorgegangen. Während die nationalsozialistische Partei sowie seine ‚Führer', unterstützt und getragen von einem nicht geringen Teil der deutschen Wähler, in einem Prozess zur Herrschaft gelangten, der durchaus der Weimarer Reichsverfassung entsprach, war die DDR sowohl durch

100 Ebd., S. 230.

101 Günther Heydemann: Die Innenpolitik der DDR, München 2003, S. 66. Zu den empirischen Forschungsergebnissen siehe Hinweis Fn. 97.

das Ergebnis des Zweiten Weltkrieges als auch durch die Entstehung des Kalten Krieges heraus entstanden. Nicht von innen, sondern von außen wurde dem Teilstaat die Staats- wie Regierungsform aufgesetzt. Schon diese wesentlichen Differenzierungen, zum einen in der Durchsetzung aber auch in der Etablierung beider Diktaturen, sind nicht zu übersehen. Auch die nach dem Ende der DDR erneute Debatte um die Totalitarismustheorie bildete keine hinreichende Grundlage mehr, um die ‚braune' mit der ‚roten' Diktatur angemessen wie vergleichend darstellen zu können. Nicht zuletzt schon wegen der ideologischen Instrumentalisierung, beeinflusst durch den Kalten Krieg einerseits und anhand des starren Charakters in der Analyse selber, der wiederum die gesellschaftlichen Wandlungsprozesse in den Diktaturen nicht genügend mit einbezieht andererseits. Dementsprechend gibt es kein wissenschaftlich legitimes Instrumentarium, einen Vergleich beider deutschen Diktaturen vorzunehmen. Treffen diese Begründungen des Nicht-Vergleichens zu?[102]

Unumstritten ist, dass die DDR weder einen Genozid, noch einen Rassen- und Vernichtungskrieg führte. Auf der anderen Seite aber ist genau diese weltgeschichtliche Singularität untrennbar mit dem Nationalsozialismus verbunden und bildet eine Grenze der Vergleichbarkeit. Auch hinsichtlich der kriminellen Energie, die der Nationalsozialismus entfaltete, ist diese mit der DDR nicht vergleichbar. Doch im Grunde sind wir schon mitten im Diktaturvergleich und der Kontroverse um die Tabuisierung dieses Vergleiches angelangt. Gleichzeitig ruft der klassische kommunistisch-faschistische Vergleich, wie beispielsweise zwischen dem Nationalsozialismus und der stalinistischen Sowjetunion, kaum Kritik hervor.[103] Doch worin liegt die Problematik der Kritiker, sich diesem Vergleich zwischen NS- und DDR-Regime zu entziehen? Das eingangs benutzte Argument bietet hier wiederum eine Antwort, auf die bereits hingewiesen wurde: weder wird „die NS-Zeit mit ihren einzigartigen Verbrechen […] durch stalinistische bzw. poststa-

102 Vgl. Eckhard Jesse: Diktaturen in Deutschland. Diagnosen und Analysen, Baden-Baden 2008, S. 315–333.

103 Vgl. hierzu Dietrich Beyrau: Schlachtfeld der Diktatoren. Osteuropa im Schatten von Hitler und Stalin, Göttingen 2000; sowie Ders. (Hrsg.): Im Dschungel der Macht. Intellektuelle Professionen unter Hitler und Stalin, Göttingen 2000.

linistische Verbrechen in der DDR relativiert, noch die Verbrechen in der DDR mit Hinweisen auf die NS-Verbrechen bagatellisiert".[104] Dass aber die millionenfachen Opfer, dic der Nationalsozialismus mit seinen vom Zaun gebrochenen Kriege hinterließ, ohne Gleichen eine Monstrosität darstellen, die nicht zu relativieren sind, sollte dabei stets mitgedacht werden. Es ist ein zu schmerzliches Kapitel deutscher Geschichte und jeder, der sich damit eingehender beschäftigt, unterliegt dem Diktum der (Selbst-) Verteidigung. Dessen ungeachtet würde sich die Geschichtsforschung (und auch andere Forschungsdisziplinen) in ihren möglichen Erkenntnissen selbst einschränken.

Deshalb sollten beim Nebeneinanderstellen sowohl die „Ähnlichkeiten [...] [als auch die] Vergleichbarkeiten in den Struktureigenschaften von Diktaturen"[105] im Vordergrund stehen. Aus der politischen (theoretischen) Betrachtung heraus zählt der SED-Staat sonach nicht zu den parlamentarischen Demokratien oder wird als ein verfassungskonformer Rechtsstaat[106] gesehen, nicht zuletzt schon infolge des politisch-ideologischen Selbstverständnisses oder der Herrschaftspraxis wegen. Wenngleich sich auch hier

---

104 Siehe Fn. 95.

105 Mario Rainer Lepsius: Plädoyer für eine Soziologisierung der beiden deutschen Diktaturen, In: Christian Jansen, Lutz Niethammer, Bernd Weisbrod (Hrsg.): Von der Aufgabe der Freiheit. Politische Verantwortung und bürgerliche Gesellschaft im 19. und 20. Jahrhundert. Festschrift für Hans Mommsen, Berlin 1995, S. 609–615, hier S. 612.

106 Vgl. zur Verfassungskonformität Fn. 29. Ein Gesetz steht dann nicht im Widerspruch zu einem Grundsatz von Verfassungsrang, wenn es verfassungskonform ausgelegt werden kann. Lässt also ein Gesetz mehrere Auslegungsmöglichkeiten zu, so ist die Möglichkeit zu wählen, die zu dem Ergebnis einer Vereinbarkeit mit der Verfassung kommt. Der verfassungskonformen Auslegung ist – soweit sie möglich ist – Vorrang vor jeder anderen einzuräumen. Ihre Grenzen findet die verfassungskonforme Auslegung dort, wo sie mit dem Wortlaut und dem klar erkennbaren Willen des Gesetzgebers in Widerspruch treten würde, Vgl. BVerfG 09.02.1982 – 1 BvR 845/79 sowie BVerfG 04.06.1985 – 1 BvL 7/85. Die verfassungskonforme Auslegung lässt mithin nur eine Einschränkung bzw. Präzisierung dessen zu, was der Gesetzgeber gewollt hat, nicht aber eine inhaltliche Veränderung. Entwickelt worden ist diese Auslegungsmethode vom Bundesverfassungsgericht. Sie verhindert, dass Gesetze nur aufgrund einer Mehrdeutigkeit für verfassungswidrig und daher für nichtig erklärt werden müssen.

einige Autoren wie Rita Sélitrenny, Gert Bender oder Ulrich Falk daran versuchten, einen Vergleich beider Systeme anhand Ernst Fränkels Analyse durchzuführen zwischen dem Normenstaat, der sich an den bestehenden Gesetzen orientierte und dem Maßnahmenstaat, der sich an den politischen Zweckmäßigkeitsüberlegungen ausrichtete, muss doch konstatiert werden, dass der Focus in ihren Bestrebungen vorwiegend auf der politischen Betrachtung und somit vorwiegend auf politische Vergehen liegt. Leider wird diese Sichtweise nicht hinreichend aufgezeigt, sodass auch hier wieder ein Deutungsversuch, insbesondere durch die Emotionalität Sélitrennys, vorhanden ist, die DDR sei als *Unrechtsstaat* zu bezeichnen.[107] So stellt auch Ludger Kühnhardt beim Vergleich von normativen Kriterien gemessen an einer freiheitlich-demokratischen Grundordnung, die die Wahrung der Menschen- und Bürgerrechte verfassungsmäßig festschreibt, *zunächst* fest, dass die DDR schon vor ihrer Gründung her die Grundzüge einer Diktatur besaß, die im Charakter antidemokratisch, antipluralistisch sowie freiheitsberaubend waren.[108] Bedenklich erscheint, dass sich ein Vergleich beider Systeme nicht nur nach politischen oder gar politologischen interstrukturellen Maßstäben richten sollte, der mitunter noch mit dem Aspekt der historischen Sicht formuliert ist als Alibifunktion, um eine Wissenschaftlichkeit vorzugeben. Denn damit unterliegt die wissenschaftliche Darstellung zugleich auch der einseitigen Betrachtung und gerät in den Verdacht sich lediglich auf die voreingestellte Deutungshoheit des *Unrechtsstaates* zu begrenzen. Werden die historischen Fakten dazu betrachtet, stellt sich diese einseitige Sicht etwas anders dar. Zweifellos räumte die DDR-Diktaturverfassung

---

107 Vgl. Rita Sélitrenny (Hrsg.): Doppelte Überwachung. Geheimdienstliche Ermittlungsmethoden in den DDR- Untersuchungshaftanstalten, Berlin 2003, S. 13 ff.; Dies. Die DDR – ein Normensimulationsstaat, In: DA 1/2005, S. 113–120 sowie Gert Bender, Ulrich Falk (Hrsg.): Recht im Sozialismus. Analysen zur Normendurchsetzung in osteuropäischen Nachkriegsgesellschaften (1944/45 – 1989), Frankfurt a.M. 1999.

108 Vgl. Ludger Kühnhardt, Zur Einführung, In: Ders. et al. (Hrsg.): Die doppelte deutsche Diktaturerfahrung. Drittes Reich und DDR – ein historisch politikwissenschaftlicher Vergleich, Frankfurt a.M. 1994, S. 11–17, hier S. 12. Problematisch erscheinen allerdings für den *deutschen* Vergleich die ‚normativen Kriterien' anhand von westeuropäischen bzw. der westdeutschen Demokratie als *die* Vergleichsausgangslage.

von 1968 den Bürgern eine Menge Mitspracherechte ein, obgleich es keine Gewaltenteilung gab und die DDR unter diesem Mangel litt. Zudem gab die DDR-Diktatur ihren Bürgern eine gewisse Rechtssicherheit, obwohl auch nicht alle Freiheiten gegeben waren. Hingegen war dieses Mitspracherecht sowie die gewisse Rechtssicherheit bei politischen Vergehen ein gänzlich anderer Aspekt. Diese Widersprüchlichkeit des Generalisierens statt des Kontrastierens und somit aus (fast) allen Vergehen politische Vergehen machen zu wollen, um die DDR als *Unrechtstaat* darzustellen, greift in der Bedeutsamkeit dieser Auseinandersetzung zu kurz. Leider finden solche Gesichtspunkte in der vergleichenden Betrachtung nicht explizit Erwähnung.

Auch kann die in Betracht kommende Verwendung, an der Totalitarismustheorie festzuhalten, nicht entsprochen werden. Die Diskussionen brachten nämlich seit dem Ende der DDR kaum neue Erkenntnisse hervor, sodass im Grunde die ideologiekritische Darstellung in der fast neun Jahrzehnte reichhaltigen geistesgeschichtlichen Entwicklung vielmehr den Charakter einer Neuauflage besitzt. Des Weiteren trägt die begrenzte wissenschaftliche Analysemöglichkeit infolge des Kalten Krieges und ihrer Legitimationsberechtigung nicht dazu bei, die sozialen und gesellschaftlichen Wandlungsprozesse sowohl unter als auch in Diktaturen ausreichend zu berücksichtigen. Wenngleich dies nicht das ausschlaggebende Manko darstellt, denn die Klassifizierungen[109] hinsichtlich der Wesensbestimmungen von

109 Darunter sind folgende Punkte zu verstehen: 1. Die unterschiedliche zeitliche Dauer beider Diktaturen; 2. Die internationale Ausgangslage und die innenpolitischen Gründungsbedingungen; 3. Ihre Ideologien und ihr weltanschauliches Fundament; 4. Die Grundstrukturen ihrer diktatorialen Herrschaftssysteme; 5. Die innen- und außenpolitischen Handlungsspielräume; 6. Die Rekrutierung von Herrschafts- und Funktionseliten; 7. Ihre gesellschaftliche Akzeptanz; 8. Die Instrumentalisierung von Verfassung, Recht und Justiz; 9. Ihr Wirtschaftssystem und die Behandlung von Eigentum und Produktionsverhältnissen; 10. Ihre Kontrolle und Domestizierung der Gesellschaft durch Überwachung, Repression und Terror; 11. Ihre Verfügungsgewalt über Massenmedien und die Beherrschung des Meinungsmonopols; 12. Die Konkurrenzsituation zwischen beiden deutschen Staaten und die nationale Frage; 13. Art und Bedingungen ihres Zusammenbruchs und Untergangs. Vgl. die Klassifizierungen bei: Günther Heydemann, Heinrich Oberreuter (Hrsg.): Diktaturen in Deutschland – Vergleichsaspekte, Bonn 2003, S. 33.

Diktaturen sind nach wie vor sehr hilfreich und nützlich, liegt es eher in der Auffassung an sich, dass Diktaturen natürlich totalitär seien. Was sich aber hinter der selbst verschriebenen Totalitarität verbirgt oder was darunter genauer zu verstehen ist, bleibt offen. Die ‚totale' Auswirkung kann weder auf Staat, Wirtschaft oder Gesellschaft, noch auf gewisse Teilbereiche dessen bestimmt werden. Auch das faktische Durchdringen bis hinunter zum einzelnen Bürger bleibt unklar und unpräzise. Doch benötigen wir heute eine komplexere Betrachtung, um die Verflechtung von Staat, Wirtschaft und Gesellschaft als auch die tatsächliche ‚Durchherrschung' sowohl aufzuzeigen sowie darstellbar zu machen. Eine empirisch gesicherte Antwort blieb bislang aus, obgleich durch die Quellenlage bekannt ist, dass beide Diktaturen zum Ziel hatten, ihre Gesellschaft in extenso zu durchdringen.[110]

Gleichwohl diese Absicht partiell auch zum gewünschten Ergebnis führte, blieb doch die Realität hinsichtlich dieses Bestrebens dahinter zurück oder aber offenbarte besonders diese Widersprüchlichkeit, sodass solche Ausnahmeerscheinungen individuell zu beurteilen und zu behandeln sind. Letzten Endes spiegelten aber die „umstandslose Gleichsetzung von […] [Bestreben] und Realisierung, wie […] [dies in den] totalitarismustheoretisch gebenden Darstellungen vorherrscht" nicht die Wirklichkeit wider, da dies so nicht zutraf.[111] Die Ansätze dieser neuen Betrachtung bilden dementsprechend auch die „Grenzen der Diktatur".[112] Folglich bleibt die Frage – vorerst – noch offen, bis zu welchem Grad Diktaturen diese Bestrebungen des Durchherrschens verwirklichen konnten. Auch die bisher gewonnenen Einsichten sowohl in der NS- als auch in der DDR-Forschung sind teilweise sehr beträchtlich und im hohen Maße bedeutsam. Allerdings ist die entscheidende Frage auch die heikelste und der Dissens in der Beantwortung ist groß: welche Diktatur sei die ‚totalitärere' gewesen? Während einerseits die wesentlich längere Existenz, das nahezu vollständige Überwachungs- wie Kon-

110 Vgl. Günther Heydemann, Heinrich Oberreuter: Diktaturen in Deutschland, a.a.O., S. 11.

111 Thomas Lindenberger: Die Diktatur der Grenzen. Zur Einleitung, In: Ders. (Hrsg.): Herrschaft und Eigen-Sinn in der Diktatur. Studien zur Gesellschaftsgeschichte der DDR, Köln 1999, S. 13–43, hier S. 20.

112 So der gleichnamige Buchtitel von Richard Bessel, Ralf Jessen (Hrsg.): Die Grenzen der Diktatur, Staat und Gesellschaft in der DDR, Göttingen 1996.

trollsystem oder die signifikantere Dimension des Durchdringens jeglicher politischer, wirtschaftlicher und gesellschaftlicher Ebenen die DDR zum totalitäreren Staat mache, steht dem andererseits der Nationalsozialismus, wegen des durchgeführten Terrors sowohl in der Intensität als auch durch den ‚Export' in die besetzten oder eroberten Länder, als die totalitärere Diktatur gegenüber. Sofern es um eine klare Beantwortung dieser Frage gehen soll, ist und bleibt ein Vergleich beider Systeme unerlässlich.[113] Indes bleibt aber auch zu fragen – ungeachtet des Diktaturenvergleichs – ob sie überhaupt beantwortet werden soll(t)e und ob nicht beide, aufgrund ihrer ‚gewissen Einzigartigkeit', nebeneinander stehen könn(t)en?

Die gegen ein Nicht-Vergleichen aufgeführten Begründungen (siehe S. 50 ff.) stellen sich schließlich als nicht haltbar heraus. Hingegen kann ein Vergleich beider Diktaturen als durchaus angebracht erscheinen, da dieser sowohl der Geschichtsforschung als auch der heutigen Zeitgeschichtsforschung ein relevantes Arbeitsfeld bietet. Relevant insofern, als dazu „historische, lebensweltlich-gesellschaftliche sowie erkenntnistheoretische Gründe"[114] zählen.

Denn unbestreitbar ist, dass die Darstellung des 20. Jahrhunderts, sowohl in der europäischen als auch in der deutschen Historiographie als Zwiespalt zwischen Demokratie und Diktatur gesehen werden kann – betrachtet man nur einmal die Zeitspanne ihrer Existenz. Und so zählen beide deutschen Diktaturen auch unwiderruflich zur Geschichte des 20. Jahrhunderts. Trotz des Einwandes, dass es 1945 zu einer Zäsur gekommen sei, was die zeitgeschichtliche Forschung längst widerlegte, wirft, nicht zuletzt schon wegen ihrer aufeinander folgenden Chronologie, dieser einmalige Umstand unmissverständliche Fragen nach Unbeständigkeiten als auch Beständigkeiten auf.[115] Dieser gewichtige Aspekt sollte nicht unbeachtet bleiben, da

113 Vgl. Günther Heydemann, Heinrich Oberreuter: Diktaturen in Deutschland, a.a.O., S. 12.

114 Ebd., S. 13.

115 Vgl. Michael Falser: 1945–1949. Die ›Stunde Null‹, die Schuldfrage, der ›Deutsche Geist‹ und der Wiederaufbau in Frankfurt am Main, In: Ders.: Zwischen Identität und Authentizität. Zur politischen Geschichte der Denkmalpflege in Deutschland, Dresden 2008, S. 71–97 sowie bspw. die Rede des Bundespräsidenten a. D. Richard von Weizsäcker: Der 8. Mai 1945 – vierzig

zum einen die Deutschen zu dem Volk gehören, „das sich mit den beiden totalitären Erfahrungen des 20. Jahrhunderts auseinandersetzen kann und muss".[116] Und zum anderen waren nur in Deutschland die historischen Gegebenheiten vorhanden, dass sich nach einer rechtstotalitären eine linkstotalitäre Diktatur konstituieren konnte.

Die Perspektive, dies ebenso als eine ‚Singularität' zu sehen, kann wiederum als eine Möglichkeit für eine Aufgabe in der Zeitgeschichtsforschung gesehen werden, die sie fordert. Fordert insoweit, als dass die historischen Prozesse nicht nur auf der zeitlichen synchronen Vergleichsebene, sondern auch auf der divergierenden diachronen Vergleichsebene analysiert werden können. Des Weiteren bilden das Vorhandensein sowie der Zugriff auf die jeweiligen historischen Quellen beider Systeme ein besonderes Merkmal, das anderen zeithistorischen Forschungen dagegen nicht zur Verfügung steht.[117]

Unter diesen Aspekten sollten auch die ‚Vergleichsbeziehungen' der Be- und Unbeständigkeiten zwischen beiden deutschen Systemen betrachtet werden. Ungeachtet der ideologischen Kontroversen sind hierunter insbesondere zu verstehen, bis zu welchem Grad es dem SED-Regime gelang, die Machtausführung seines oder des Vorgängersystems fortzuführen? Und gab es bei den Methoden und Vorgehensweisen bezüglich der Beeinflussung wie auch der Unterdrückung in der DDR gegebenenfalls Gemeinsamkeiten, Ähnlichkeiten oder sogar Unterschiede?

Während es beispielsweise im Nationalsozialismus keine Beschwernis durch eine sowjetische Besatzungsmacht gab oder sich die nationale Frage nicht stellte, waren sie wiederum für die DDR von enormer Bedeutung. Aber auch Vergleichsobjekte, die beide Systeme erlebten, etwa Wirtschaftsunternehmen, kirchliche Institutionen, Geheimdienste oder Justizwesen,

---

Jahre danach, gehalten im deutschen Bundestag in Bonn am 8. Mai 1985, In: Ders. Brücken zur Verständigung, Berlin 1990, S. 31–46, besonders S. 42.

116 Siehe die Rede in: Friedenspreis des deutschen Buchhandels 1994, Jorge Semprun. Ansprachen aus Anlass der Verleihung, Frankfurt a.M. 1994, S. 34–52, hier S. 51.

117 Dies ist beim interstrukturellen Vergleich zwischen der BRD und der DDR bisher problematisch und führt zu Einschränkungen, da die (bundesdeutschen) Akten einer 30-jährigen Sperrfrist unterliegen. Darauf wird später noch eingegangen.

tragen nicht nur zu einer konkreten Vergleichbarkeit bei, sondern bringen auch zum Vorschein, wie unter anderem ähnliche oder sogar gleichartige Strukturen in beiden Diktaturen vorhanden sein können.[118] Darüber hinaus ist die Relation zu beachten, da das Gros der Bürger des ehemaligen Gebietes der DDR (1989) bestenfalls ein System erlebte, sich die Älteren mitunter aber in beiden Systemen den überwiegenden Großteil ihres Lebens befanden. Damit können freilich die verschiedenen wie prägenden Lebenserfahrungen nicht nur anhand der politischen Sozialisation, sondern auch anhand der historischen Mentalität für die sozialhistorische Nachbildung zu einer außerordentlichen Relevanz werden. Ohne diese Reflexion aber, z. B. hinsichtlich ihrer verschiedenartigen als auch schichtspezifischen Lebensläufe, würden Millionen von Deutschen und deren Schicksal unbeachtet bleiben. Auch trüge die sich aus dieser Situation heraus ergebene Schwierigkeit, welche nach wie vor bis in die Gegenwart reicht, nicht dazu bei, die Aus- sowie Nachwirkungen sowohl hinsichtlich des politischen Denkens, als auch in Bezug auf das soziale Handeln hinreichend wahrnehmen und verstehen zu können. Inwiefern sollte also ein Vergleich der beiden deutschen Diktaturen kein wissenschaftlich legitimes Instrument sein, dies auch vorzunehmen, als beispielsweise der Vergleich zwischen dem Ersten und dem Zweiten Weltkrieg, wenn die Erkenntnis daraus das Verstehen der Geschichte nachvollziehbarer macht.[119] Sowohl Weltkriege als auch Diktaturen bieten Phasen- und Erlebniswerte dar, da Millionen davon betroffen und oder daran beteiligt waren, sodass dieser Umstand und die Auswirkungen nicht übersehen werden können.

Für die gegenwärtige Zeitgeschichtsforschung sollte die angestrebte Zielsetzung bei der Gegenüberstellung zwischen der NS- sowie der DDR-Diktatur, bei dem es sich um einen Vergleich und keine Gleichsetzung handelt, vorerst sein: die Zusammenstellung der Gemeinsamkeiten, Ähnlichkeiten oder Unterschiede zu erkennen und zu durchleuchten, sodass die speziellen Besonderheiten nachgewiesen werden können. Um anschließend die

---

118 Vgl. Günther Heydemann, Heinrich Oberreuter: Diktaturen in Deutschland, a. a. O., S. 34.

119 Vgl. Bruno Thoß, Hans-Erich Volkmann (Hrsg.): Erster Weltkrieg – Zweiter Weltkrieg. Ein Vergleich. Krieg, Kriegserlebnis, Kriegserfahrung in Deutschland, Paderborn 2002.

vielschichtigen Auswirkungen zwischen der diktatorischen Führung auf die Allgemeinheit aufzuzeigen, ist es erforderlich, das jeweilige staatliche Handeln sowie den Zuspruch darauf in der Bevölkerung zu berücksichtigen. Neben dem Grad der ‚Durchherrschung' und wie es möglich war, durch die (politische) Beeinflussung diese auch zu kontrollieren, zählt dazu auch der Aspekt der Trägerschichten. Sonach lassen sich die Zusammenhänge in Bezug auf die Akzeptanz des Sympathiepotenzials für die jeweiligen oder mitunter beiden Diktaturen auf der einen Seite und bis zu welchem Maße eine gesellschaftliche Förderung erreicht oder sogar Integrität realisiert werden konnte auf der anderen Seite darstellen. Zudem bilden die verschiedenen, hervorgebrachten Ablehnungs- wie Widerstandskräfte einen weiteren Aspekt in der Vergleichsbetrachtung. Schließlich ist der Diktaturenvergleich nicht nur für Deutschland und seiner Historiographie als wesentliche Relevanz zu sehen, sondern trägt auch zur Erforschung der Funktionsweisen für andere diktatorische Systeme bei.[120]

4.2 Die historische Totalitarismusthese

Als eine weitere Kontroverse in der Auseinandersetzung mit der Thematik des *Unrechtsstaates DDR* kann die Totalitarismustheorie[121] gesehen werden. Sie erlebte nicht nur wieder eine Renaissance nach dem Ende der DDR, sondern wurde auch in der zeitgeschichtlichen Forschung heftig disputiert und ist nach wie vor äußerst umstritten. Dabei spielen vor allem

120 Vgl. Günther Heydemann, Heinrich Oberreuter: Diktaturen in Deutschland, a.a.O., S. 15.

121 Verschiedene Modifikationen des Terminus Totalitarismus wie beispielsweise »Großtotalitarismen« (= ital. Faschismus, Sowjetunion und NS-Staat), »Posttotalitarismus« (= SU nach Stalin), »Autoritarismus« mit seinen Unterbezeichnungen des »posttotalitären autoritären Regime«, den bedenklichen Phaseneinteilungen wie »Früh-, Hoch- sowie Spättotalitarismus«, »Kriegstotalitarismus«, »avancierter Totalitarismus« (= SED-Herrschaft), »terroristisch-totalitären Systemen« (= NS-Regime und Stalinismus), »bürokratisch-totalitären Systemen« (= DDR), »Totalitarismus als Vernichtung« und als Pendant »Totalitarismus als (totale) Kontrolle« werden hier nur erwähnt. Sie verdeutlichen, dass eine terminologische und wissenschaftliche Begriffsfindung zur Benennung im Kontext dieser Thematik nach wie vor statt findet und noch nicht abgeschlossen ist.

die unterschiedlichen Totalitarismusansätze bzw. Konzepte als auch die vor dem Hintergrund mit zu bedenkende Ideologie ihrer Entstehungszeit selber markante Rollen. Zudem haften dem Begriff Totalitarismus zweierlei Konnotationen an: Während er zwar in erster Linie (positiv) als ein wissenschaftlicher Fachterminus benutzt wird, fungiert er allerdings auch gleichzeitig (negativ) als ein ‚politischer Kampfbegriff'.[122] Dass dabei noch emotionale Aspekte mit hinein spielen, hilft dieser kontroversen Thematik wenig und verschärft die vorhandenen unterschiedlichen Positionen. So sollen im Folgenden die wesentlichen Totalitarismusansätze dargestellt werden, um zu prüfen, in welchem Zusammenhang diese mit dem *Unrechtsstaat DDR* stehen könnten und welche Möglichkeiten und Grenzen der Totalitarismusansatz an sich hat.

Der Ursprung des Begriffes, welcher diesem Modell den Namen gab, stammt aus der italienischen Zwischenkriegszeit als politische Gegner[123] den sich neu und rasant in der Gesellschaft Fuß fassenden Faschismus benannten. Zunächst diente der Begriff ‚stato totalitario' in erster Linie als Selbstbezeichnung und war negativ konnotiert, doch schon bald änderten sich die Paradigmen und die Faschisten selber waren es, die diesem Wort eine positive Bedeutung zuschrieben, indem sie sich selbst als ‚totalitäre' Bewegungen sahen.[124] Zugleich bildete Italien nicht nur die Stätte, in der sich als erstes eine faschistische Machtübertragung in Europa erfolgreich vollziehen konnte, sondern war damit auch für andere europäische Staaten ‚beispielhaft'.

---

122 Vgl. Wolfgang Kraushaar: Sich aufs Eis wagen. Plädoyer für eine Auseinandersetzung mit der Totalitarismustheorie, In: Mittelweg 36, 2. Jahrgang (1993), Heft 2, S. 6–29, hier S. 13.

123 Dazu gehören bspw. die Liberalen Giovanni Amendola sowie Piero Gobetti, der Sozialist Lelio Basso, der Führer der katholischen Volkspartei Luigi Sturzo. Vgl. Marc-Pierre Möll: Gesellschaft und totalitäre Ordnung. Eine theoriegeschichtliche Auseinandersetzung mit dem Totalitarismus, Baden-Baden 1998, S. 29 ff sowie Eckhard Jesse: Diktaturen in Deutschland, a. a. O., S. 11, siehe Fn. 102.

124 Vgl. Jens Petersen: Die Geschichte des Totalitarismus in Italien, In: Hans Maier (Hrsg.): ‚Totalitarismus' und ‚Politische Religionen'. Konzepte des Diktaturenvergleichs, Paderborn et al. 1996, S. 15–35 sowie Wolfgang Kraushaar: Sich aufs Eis wagen, a. a. O., siehe Fn. 122.

Anschließend gelangte der Begriff, der anfänglich die faschistischen Bewegungen bezeichnete und dann für die Benennung der Diktaturen des 20. Jahrhunderts verwendet wurde, zu einer über mehr als zwei Dekaden charakterisierten Erscheinungsform in der Historiographie dieser Thematik. Hierbei vorwiegend in den Forschungsansätzen, wenn es um den politischen Systemvergleich ging.[125] Hervorzuheben ist jedoch, dass die Anfänge der Totalitarismustheorie, die zwar noch durch den sich im Nationalsozialismus weiter herausgebildeten Terror des ‚totalen Krieges' als auch durch die politische Auseinandersetzung im Kalten Krieg selber verstärkt wurden, nicht während des Kalten Krieges entstanden, sondern zwischen den späten zwanziger und Mitte der dreißiger Jahren liegen.

Dem Wesen nach lassen sich die verschiedenen Totalitarismusansätze folgendermaßen klassifizieren, wenngleich auch zu erwähnen ist, dass eine klare Trennungslinie noch nicht vorhanden sei.[126]

Zum einen zählt der herrschaftsstrukturelle Ansatz dazu, wie ihn *Carl Joachim Friedrich* in Zusammenarbeit mit *Zbigniew Brzesinski* vertritt.[127]

---

125 Eine Übersicht bietende Darstellung der mittlerweile ausufernden Materialfülle zur Totalitarismusforschung ist neben Marc-Pierre Möll: Gesellschaft und totalitäre Ordnung, a.a.O., S. 459–552 auch bei Eckhard Jesse (Hrsg.): Totalitarismus im 20. Jahrhundert. Eine Bilanz der internationalen Forschung, Bonn ²1999, S. 591–620 oder aber bei Alfons Söllner et al. (Hrsg.): Totalitarismus. Eine Ideengeschichte des 20. Jahrhunderts, Berlin 1997 nachlesbar.

126 Vgl. Eckhard Jesse: Der Totalitarismusbegriff: Inhaltsbestimmung und Entwicklungsgeschichte, In: Ludger Kühnhardt, Alexander Tschubarjan (Hrsg.): Rußland und Deutschland auf dem Weg zum antitotalitären Konsens, Baden-Baden 1999, S. 47–60, hier S. 58 sowie Eckhard Jesse: Diktaturen in Deutschland, a.a.O., S. 19–43, siehe Fn. 102.

127 Carl Joachim Friedrich, Zbigniew Brzezinski (Hrsg.): Totalitarian Dictatorship and Autocracy, Cambridge 1956. Carl Joachim Friedrich (* 5. Juni 1901 in Leipzig; † 19. September 1984 in Lexington, Massachusetts) war ein deutsch-amerikanischer Politikwissenschaftler / Zbigniew Kazimierz Brzeziński (* 28. März 1928 in Warschau) ist ein deutsch-polnischer Politikwissenschaftler. Kritisch dazu Hans J. Lietzmann: Die Entwicklung der Totalitarismustheorie Carl Joachim Friedrichs, unveröffentlichte Habil. Schrift, Marburg 1997 sowie Steffen Kailitz: Carl Joachim Friedrich / Zbigniew Brzezinski: Totalitarian Dictatorship und Autocracy, Cambridge 1956 (dt. Übersetzung: Totalitäre Diktatur, Stuttgart 1957), In: Ders. (Hrsg): Schlüsselwerke der Politikwissenschaft, Wiesbaden 2007, S. 129–133.

Die entscheidenden Punkte in seinem Konzept, die „allen totalitären Diktaturen gemeinsam sind und ihre Gestalt ausmachen“ sind: „eine Ideologie, eine Partei, eine terroristische Geheimpolizei, ein Nachrichtenmonopol, ein Waffenmonopol und eine zentral gelenkte Wirtschaft. Aus ihnen setzt sich das Modell zusammen“.[128] Dieses Modell erscheint eher zu statisch. Denn dynamische Aspekte, wie bspw. Reformen, die von innen heraus entstehen könnten und somit Veränderungen in den totalitären Strukturen möglich machen würden, werden nicht mitbedacht.

Dem gegenüber steht der geschichtsphilosophische Totalitarismusansatz, wie ihn unter anderem *Hannah Arendt* verfolgte. Nach den schrecklichen Erfahrungen des Zweiten Weltkrieges mit allen seinen Auswirkungen und Folgen, war es die Bestrebung gewesen, die Ursachen dessen zu erforschen. Hierbei fielen vor allem die Relationen zwischen dem Kapital und dem Mob[129] einerseits sowie die Diskrepanz des Imperialismus in Symbiose mit dem Rassegedanken andererseits als wesentliche Strukturmerkmale auf. Während sich das zunichtemachende Potenzial solcher ‚totalen Herrschaften‘ erst nach ihrer Metamorphose verdeutlicht hat, nachdem sich die „totalitären Bewegungen […] [in] Massenorganisationen atomisierter und isolierter Individuen“ aufrichteten und von denen der Gefolgte dann eine „unerhörte Ergebenheit und ‚Treue‘ verlangen und erhalten“ konnte, bilden diese Phänomene zugleich auch die „bis heute […] einzige Organisationsform, welche die modernen Massen gefunden haben und die ihnen adäquat [er]scheint“.[130]

Bemerkenswerterweise wird dabei ein Element sichtbar, welches sowohl für den europäischen Faschismus als auch den europäischen Kommunismus

128 Carl Joachim Friedrich: Totalitäre Diktatur, Stuttgart 1957, S. 19. Von dem Punkt einer zentral gelenkten Wirtschaft nahm Friedrich in späteren Jahren Abstand.

129 Unter dem Begriff ‚Mob‘ versteht Hannah Arendt die nationalsozialistische Bewegung. Vgl. Hannah Arendt: Elemente und Ursprünge totaler Herrschaft. Antisemitismus, Imperialismus, Totalitarismus, München et al. [6]1998, S. 218, (orig.: The Origins of Totalitarianism, New York 1951). Hannah Arendt (* 14. Oktober 1906 in Linden (ein Stadtteil Hannovers); † 4. Dezember 1975 in New York) war eine jüdische, deutsch-amerikanische politische Theoretikerin und Publizistin.

130 Ebd., S. 663 und 697.

zutrifft, nämlich dass sich der gewaltige Zulauf der Massen anscheinend aus „politisch ganz uninteressierten Gruppen" vollzöge. Dass dieses Resultat ebenso gut zur Selbsttäuschung wie auch zum Wunschdenken unter den Befürwortern parlamentarischer Demokratien dienen konnte, bildet hierbei eine traurige Erkenntnis. Denn dieser politische Erfolg zeigt nicht auf, dass die Bevölkerung eines Landes in Gänze auch zugleich diejenige ist, die an deren Ausformung teilhaben möchte. Ganz im Gegenteil kann dies auch bedeuten, dass sogar „politisch neutrale und indifferente Massen"[131] die Majorität der Bevölkerung einer Demokratie sein können. Dementsprechend ist dann auch der Eindruck vorhanden, dass der Staat von einer Minorität regiert oder beherrscht werde. Auf der anderen Seite bleibt zu fragen, inwiefern diese indifferenten Massen auch tatsächlich ‚neutral' waren und ob sie auch eine politische unbedeutende Rolle spielten? Die Frage des wie lässt sich hierbei leicht erkennen. Oftmals bilden politische Gegebenheiten den Auslöser dafür, dass sich in großen komplexen Gesellschaften auch das politische Leben einer nicht immer gewollten Änderung an die neuen Verhältnisse unterwerfen muss. Diese Veränderungen können, müssen jedoch nicht, totalitäre Bewegungen hervorrufen. Denn nicht in allen Staaten, in denen sich diese totalitären Bewegungen herausbildeten, gelangten diese auch in die politische Regierungsverantwortung und damit zur politischen Macht.[132] Demzufolge ist auch kein konstitutiv demokratischer Staat vor

131 Hannah Arendt: Elemente und Ursprünge totaler Herrschaft, a.a.O., S. 670.

132 Unter anderem *Großbritannien*: die von Oswald Mosley (1932) gegründete „British Union of Fascists". Ihr Hauptgedanke war das Übermenschentum und die Weltbedeutung Großbritanniens und endete mit dem Ende des Zweiten Weltkrieges. *Frankreich*: bspw. die faschistisch orientierten Gruppen wie die „Action française" (gegr. 1898) mit Charles Maurras und die Feuerkreuzler (Croix de Feu 1927–1936). Jedoch kam es nicht zur Entwicklung einer Massenbewegung. Die Bewegungen schlugen fehl mit der deutschen Okkupation und am inneren Zerfall. *Ungarn*: gleich in Österreich waren auch hier Gruppierungen vorhanden wie die Pfeilkreuzler (auch „Hungaristen" genannt) mit Ferenc Szálasi als Führer. Durch Reichsverweser Miklós Horthy (1920–1944) waren sie zunächst eine politische Randgruppe und konnten erst politische Macht erreichen, nachdem Horthy durch die deutsche Okkupation abdanken musste. Anschließend errichteten sie eine Diktatur, welche größtenteils auf Budapest ‚beschränkt' blieb. Lesenswert dazu: Arnd Bauerkämper: Der Faschismus in Europa 1918–1945, Stuttgart 2006; Robert Paxton: Anatomie des Faschismus,

diesen Entwicklungen gefeit. Vielmehr sind diese demokratischen Staaten „auf die schweigende Duldung aller politisch inaktiven Elemente in der Bevölkerung angewiesen [...] und von dieser inartikulierten und unkontrollierbaren Massenstimmung ebenso abhäng[ig] wie von den artikulierten und organisierten öffentlichen Institutionen".[133]

Dass diese Tendenzen keine Gefahr für einen bestehenden demokratischen Staat bilden, wäre naiv zu glauben. Aber jede Demokratie sollte stark und attraktiv zugleich sein, sich solchen Bestrebungen erwähren zu können. Allerdings sind es dann letzten Endes die Bürger selber, die darüber entscheiden, inwiefern sie sich demokratisieren lassen und für die bestehende Staatsform einstehen – gleich ob frei gewollt oder von außen eingeführt. Besorgniserregend sind dagegen vielmehr unscheinbare und nicht auf den ersten Blick ersichtliche Veränderungen, die dann zur Gefahr werden können. Indem beispielsweise das Gros der Gefolgschaft einer totalitären Bewegung ihrer Führung zumeist loyal gegenüber eingestellt ist, auf die auch gerechnet werden kann, verursacht zwar einen bitteren Beigeschmack, der sich nicht neutralisieren lässt, jedoch bleibt dieser ‚berechenbar'. Hingegen bildet die eigentliche Unruhe im Totalitarismus das Phänomen der ‚Anziehungskraft', die eine Faszination sowohl auf die geistige als auch auf die künstlerische Elite verursachen kann. Wenn auch nicht alle Teile der Elite durchdrungen, begeistert oder dafür gewonnen werden, erscheinen hierfür umso mehr die Veränderungen, die „zeitweilige Bündnis[se] zwischen Mob und Elite"[134] hervorrufen können, bedenklich.

Gelangen allerdings totalitäre Bewegungen in die Regierung, ist eines ihrer primären Vorhaben auf die Ziele ausgerichtet, die für ihre Ausübung benötigten Herrschaftsinstrumente zu sichern. Dazu zählen insbesondere der Staatsapparat, die Geheimpolizei sowie die Konzentrationslager. Jedoch bilden hierbei die Konzentrationslager „die konsequenteste Institution totaler Herrschaft".[135] Anschließend werden dann die Bestrebungen umgesetzt,

---

München 2006; Wolfgang Wippermann: Faschismus. Eine Weltgeschichte vom 19. Jahrhundert bis heute, Darmstadt 2009.

133 Vgl. Hannah Arendt: Elemente und Ursprünge totaler Herrschaft, a. a. O., S. 670, siehe Fn. 129.

134 Ebd., S. 702 ff.

135 Ebd., S. 907 f.

den Umbau des bestehenden Staates in eine der totalitären Bewegungen entsprechende „neue Staatsform" zu vollziehen. Dazu kommen mit der Machtsicherung zwei verbindende Grundelemente hinzu: die Ideologie und der Terror. Vermittels der Ideologie wird dabei versucht, die Bevölkerung auf die ‚neue Staatsform' vorzubereiten und sie selber natürlich auch zu indoktrinieren. Zudem ist gleichzeitig der totalitäre Staat bestrebt, nicht nur in das Privatleben seiner Bürger zu gelangen, sondern auch sein gesamtes gesellschaftliches Leben an sich mit dem „eiserne[n] Band des Terrors"[136] zu verbinden, um sie a) zu Mithelfern oder aber auch zu Mittätern begangener Verbrechen des Regimes zu machen und b) ihnen ihre subjektive Fähigkeit, eigenständig Handeln zu können, zu nehmen.

Zugegebenermaßen gleichen der Anspruch und die Wirklichkeit hinsichtlich der Ideologie und des Terrors nicht dem Realen. Vielmehr entsprechen diese Bestreben des totalen Staates, seinen Herrschaftsanspruch auch grenzenlos umzusetzen, einem Idealtypus.

Denn, obgleich auch eine ‚Anziehungskraft' nicht nur bestand, sondern auch für heutige Demokratien nach wie vor besteht, werden totalitäre Staaten nie von Dauer sein können. Der Grund liegt schon in ihrer Gründung und gleich wie die klassische Tyrannis haben sie auch den „Keim des Verderbens"[137] in sich. Wenn auch Arendts Totalitarismusmodell nicht so starr wie Friedrichs Modell ist und sie auch den dynamischen sich verändernden Aspekt mit berücksichtigt, rief doch ihr Modellansatz Kritik hervor. Zum einen deshalb, da sich ihre Empirie nicht eindeutig genug belegen ließ und somit insgemein keine abstrahierende Deutung darstellt. Während zum anderen Beanstandungen aus ‚linker' politischer Sicht kamen, sie betreibe eine fragliche Gleichsetzung, indem sie den Stalinismus und den Nationalsozialismus gemeinsam auf eine Stufe stelle[138], waren dies von

136 Vgl. Hannah Arendt: Elemente und Ursprünge totaler Herrschaft, a.a.O., S. 961 und 974 f.

137 Ebd., S. 978.

138 Während des Kalten Krieges war sowohl die Totalitarismustheorie als auch im alltäglichen politischen Diskurs ab der Mitte der siebziger Jahre selber diese Denkform (Stalinismus gleich Nationalsozialismus) sehr stark präsent. Vgl. dazu Reinhard Kühnl: Der deutsche Faschismus in Quellen und Dokumenten, Köln [7]2000, S. 10.

‚rechter' Seite Angriffe, da sie sich dieser Denkform des Kalten Krieges widersetzte. Ob berechtigt oder nicht, gehen ihre analytischen Erforschungen zum Kommunismus aus den Erkenntnissen des Nationalsozialismus hervor bzw. sind von diesen beeinflusst.[139]

Ein weiteres Konzept bildet der sozialreligiöse Totalitarismusansatz, zu dem unter anderem Vertreter wie *Eric Voegelin, Raymond Aron* und *Frederick A. Voigt* zählen.[140] Dabei wird theoretisch aufzuzeigen versucht, ob dieser ein Pendant zur totalitären Diktatur und demnach eine pluralistische Demokratie oder eine „konstitutionelle Diktatur" in Bezug auf das von Carl J. Friedrich vorgebrachte Totalitarismusmodell sein könne.[141] Jedoch wirken sich beispielsweise auf Arons Totalitarismusansatz die historischen wie auch die politischen Erfahrungen und Konstellationen aus. Denn der Diskurs seines „konstitutionell-pluralistischen Regimes" findet nicht nur vor der im Hintergrund mit zu bedenkenden politischen Lage Frankreichs 1957–58[142] statt, sondern sie, die totalitären Tendenzen, finden sich sowohl in diktatorischen Systemen als auch in Demokratien selber wider und bleiben somit als ein immerwährendes Problem für die Demokratie bestehen.[143] Damit beschränkt sich sein Totalitarismusansatz auf die Aspekte Demokratie und Totalitarismus, was einem schwarz-weißen Denken entsprechen würde. Obgleich demzufolge die liberale Volksherrschaft nicht

---

139 Vgl. Raymond Aron: Das Wesen des Totalitarismus, In: Ders. Über Deutschland und den Nationalsozialismus. Frühe politische Schriften 1930–1939, hrsg. von Joachim Stark, Opladen 1993, S. 275–293, hier S. 276.

140 Eric Voegelin (* 3. Januar 1901 in Köln; † 19. Januar 1985 in Palo Alto, Kalifornien) war ein deutsch-amerikanischer Politologe und Philosoph / Raymond Aron (* 14. März 1905 in Paris; † 17. Oktober 1983 ebenda) war ein französischer Philosoph und Soziologe / Frederick Augustus Voigt (* 9. Mai 1892 in London; † 8. Januar 1957 in Guildford) war ein deutsch-britischer Journalist und Buchautor vor allem mit seinen Arbeiten zur Diktatur und zum Totalitarismus des europäischen Kontinents. Lesenswert dazu: Evelyn Völkel: Das Dritte Reich – das Produkt einer politischen Religion?, Univ. Diss. TU Chemnitz 2008.

141 Vgl. Hans J. Lietzmann: Die Entwicklung der Totalitarismustheorie, a. a. O., S. 302 f, siehe Fn. 127.

142 Die Zeit des Übergangs von der instabilen vierten zur fünften Republik im Oktober 1958.

143 Vgl. Raymond Aron (Hrsg.): Demokratie und Totalitarismus, Hamburg 1970, hier S. 145 ff (orig.: Démocratie et Totalitarisme, Paris 1965).

den Idealzustand abbilden kann, weil alle Systeme ihrer Konstitution nach unvollkommen sind und sie daher nicht die beste an sich, sondern nur die weit weniger üblere Gesellschaftsform ist[144], entzieht sich sein Modell aber zugleich auch der Möglichkeit als ‚politischer Kampfbegriff' herhalten zu können und bleibt somit nichts anderes als ein ‚nur' im beschreibenden Sinne betrachteter Terminus.[145]

Als ein weiteres Konzept wird ferner das genetisch-interaktionistische mit dazu gerechnet, wenngleich es allerdings auch ein bedenkenswertes Modell darstellt. Weniger in der Totalitarismus-Klassifizierung an sich, als vielmehr von seinem Vertreter aus, der doch eine konservative und ominöse Ansicht vertritt. Ominös deshalb, da *Ernst Nolte*[146] im Terror sowohl des bolschewistischem als auch des nationalsozialistischem einen kausalen Zusammenhang aufzuzeigen versuchte („Rassenmord" als Reaktion auf den „Klassenmord"). Derlei Eingebungen, die doch jeglichen wissenschaftlichen Erkenntnissen entbehren einerseits und zudem ideologische Indoktrination erkennen lassen, die die Verbrechen des Nationalsozialismus relativieren andererseits, sind als Noltes fragwürdiges unreflektiertes Verständnis für die NS-Ideologie verstanden worden und werden daher auch nicht weiter im Forschungssinne betrachtet.[147]

Das letzte Modell ist das politikgeschichtlich-normative Konzept, dass nicht nur dem ersten vorgestellten Modell von *Friedrich/ Brzesinski* ähnelt, sondern auch insbesondere von *Karl Dietrich Bracher* vertreten wird.[148]

---

144 Ebd., S. 243 ff.

145 Raymond Aron: Demokratie und Totalitarismus, a.a.O., S. 56; Vgl. Brigitte Gess: Die Totalitarismuskonzeption von Raymond Aron und Hannah Arendt, In: Hans Maier: ‚Totalitarismus' und ‚Politische Religionen', a.a.O., S. 264–274, hier S. 265, siehe Fn. 124 sowie Joachim Stark: Raymond Aron und der Gestaltwandel des Totalitarismus, In: Alfons Söllner: Totalitarismus, a.a.O., S. 195–207, hier S. 206, siehe Fn. 125.

146 Ernst Nolte (* 11. Januar 1923 in Witten) ist ein deutscher Historiker und Philosoph. Vgl. Ernst Nolte: Vergangenheit, die nicht vergehen will. Eine Rede, die geschrieben, aber nicht gehalten werden konnte, In: FAZ vom 6. Juni 1986.

147 Vgl. Marc-Pierre Möll: Gesellschaft und totalitäre Ordnung, a. a. O., S. 232 ff, siehe Fn. 123.

148 Karl Dietrich Bracher (* 13. März 1922 in Stuttgart) ist ein deutscher Politikwissenschaftler und Historiker.

Gleich Noltes Konzept wird zwar Brachers Ansicht in Bezug auf die Gruppierungen der verschiedenen Totalitarismusansätze erwähnt, aber wegen seiner Theorielastigkeit, die für die Empirie bei der Gegenüberstellung der Diktaturen nicht sonderlich hilfreich ist, ist seine Bedeutung außer Betracht gekommen.

Neben den eben aufgezeigten Klassifizierungen des Totalitarismus, gab es aber auch Bemühungen, diesen Ansatz aus internationaler, vorwiegend westeuropäischer Sicht zu kritisieren.[149] Insbesondere deshalb, da die verschiedenen Konzeptmöglichkeiten keine hinreichenden Erklärungen liefern können und somit analytisch nicht deutlich genug die Grenzen aufzuzeigen vermögen. Damit gemeint sind vor allen Dingen die Anwendung sowie die differenzierte Modifikation des Totalitarismusansatzes. Bedenken gegenüber diesem Ansatz waren in Deutschland schon in den 60er-Jahren hervorgebracht worden. Allen voran, da „der Begriff der totalitären Herrschaft [...] nicht rein logisch bestimmbar“[150] sei und weil „der Anspruch auf die uneingeschränkte Verfügbarkeit der Welt und somit auch des sozialen Lebens, umgesetzt in politische Aktion“[151] in erster Linie dem Totalitarismus entspreche. Demnach seien andere Charakteristiken wie Organisationsstrukturen als auch Machtmittel im Totalitarismus nachgeordnete Kennzeichen. Folglich verdeutlicht dieser Einwand des unzureichenden Erklärungsansatzes zugleich auch die bis heute bestehende Problematik zwischen dem umfassenden Herrschaftsanspruch auf der einen und der diffizil betrachteten gesellschaftlichen Realität auf der anderen Seite. In Bezug auf die DDR bedeutet dies die Frage nach den „Grenzen der Diktatur“.[152] Aber auch

---

149 Dazu zählen bspw. Herbert Spiro, Paul T. Mason, Leonard Schapiro, Steven Paul Soper, William Sheridan Allen, Benjamin Barber, Ronald Amann, Giovanni Sartori sowie Robert C. Tucker. Vgl. Thomas Noetzel: Die angelsächsische Totalitarismusdiskussion, In: Mittelweg 36, 3. Jahrgang (1994), Heft 3, S. 66–71 sowie David Bosshart: Die französische Totalitarismustheorie. Ein Literaturbericht, In: Mittelweg 36, 2. Jahrgang (1993), Heft 5, S. 72–80, abgedruckt auch bei Eckhard Jesse: Totalitarismus im 20. Jahrhundert, a.a.O., S. 252–260, siehe Fn. 9.

150 Hans Buchheim: Totalitäre Herrschaft. Wesen und Merkmale, München ^{2}1962, S. 11.

151 Ebd., S. 24.

152 Richard Bessel, Ralf Jessen: Die Grenzen der Diktatur, a.a.O., siehe Fn. 112.

inwiefern Möglichkeiten vorhanden sind, sich in totalitären Systemen zu entwickeln und somit zu Veränderungen beitragen zu können, konnte das bisherige Totalitarismusmodell nicht hinreichend erklären bzw. darstellen. Beispielhaft dafür stehen unter anderem die politischen Veränderungen in der Sowjetunion nach Stalin. Dieses Ereignis trug nicht gerade zur Bevorzugung des Totalitarismusansatzes bei, sondern zeigte vielmehr den starren Charakter des Ansatzes auf.

Ein weiterer Kritikpunkt gegen das Totalitarismuskonzept ist mit der politischen Instrumentalisierung des Begriffes vorgebraucht worden, sodass dieser negative Akzent mit der Beschäftigung dieser Thematik verbunden ist. So lässt sich die politische Inanspruchnahme an vier Stufen kenntlich machen: zum einen wurde die Totalitarismustheorie als Kampfinstrument gegen den Kommunismus verwendet. Zum anderen als Gegenbegriff zur Immunisierung der westlichen Wertesysteme benutzt wie „totalitäre Staaten" versus „freiheitliche Demokratien". Des Weiteren war damit auch ein Mittel gegeben, eine „Neutralisierung und Relativierung der NS-Vergangenheit" offerieren zu können. Und ferner bildete sich aus der Totalitarismustheorie eine „Quasi-Weltanschauung" heraus, die sich als Pendant zur „abendländischen Wertvorstellung" begründete.[153]

Aber auch aus der Sicht der empirischen Forschung wurde unter anderem von Otto Stammer das Totalitarismuskonzept bemängelt. Moniert wurde vor allem von der Kommunismus-, der Faschismus- als auch der NS-Forschung, der zu starre Charakter des Terminus sowie des Konzeptes selber. Denn beides ließe sich nicht ausreichend genug differenzieren.[154] Außerdem eilt bemerkenswerterweise dem Duktus einer totalitären Herrschaft

153 Wolfgang Kraushaar: Sich aufs Eis wagen, a. a. O., hier S. 13, siehe Fn. 122.

154 Z.B. der Versuch Otto Stammers, bereits in den fünfziger und sechziger Jahren des 20. Jh. das Totalitarismuskonzept zu verändern, um es für die Analyse des SED-Systems nutzbar zu machen. Allerdings blieb sein Unterfangen für die Empirie einer solchen Methode erfolglos. Vgl. Otto Stammer: Aspekte der Totalitarismusforschung, In: Soziale Welt 12 (1961), S. 97–111 (abgedruckt in Bruno Seidel, Siegfried Jenkner (Hrsg.): Wege der Totalitarismus-Forschung, Darmstadt 1968, S. 414–437) sowie Marc-Pierre Möll: Gesellschaft und totalitäre Ordnung, a. a. O., S. 244 f, siehe Fn. 123.
Otto Stammer (* 3. Oktober 1900 in Leipzig; † 12. September 1978 in Berlin) war ein deutscher Soziologe.

die Normativität insofern voraus, als dass zu dieser Erkenntnis nicht aus der Empirie an sich oder aus der Überprüfung heraus zur Argumentation für oder gegen des Terminus ‚totalitär' gelangt wird.[155]

Eine weitere Sicht bildet die marxistische Faschismusforschung und ihrer allgemeinen Ablehnung der Totalitarismustheorie.[156] Hierbei konnten weder die wissenschaftliche Relevanz noch die ‚politischen' Anforderungen des Totalitarismusansatzes per se in der DDR-Geschichtswissenschaft eine Sichtverschiebung herbeiführen, da im Hintergrund immer die ideologische Instrumentalisierung mit hinein spielte.[157] Des Weiteren sah man in der Behauptung, dass es zwischen dem Faschismus und dem ‚realen' Sozialismus eine Wesensgleichheit gäbe, zudem auch den Ursprung der „Totalitarismus-Doktrin" an sich, wie dies beispielsweise Gerhard Lozek tat.[158] Für ihn beabsichtigten die ‚Verfechter' dieser Theorie einerseits die Historiographie in einer antikommunistischen Denkungsart zu „missbrauchen" und andererseits die „Herrschaft des deutschen Imperialismus und Militarismus unter dem Hitlerregime und in der westdeutschen Bundesrepublik" zu ne-

155 So unter anderem bundesrepublikanische Studien zur DDR wie Wolfgang-Uwe Friedrich (Hrsg.): Die totalitäre Herrschaft der SED. Wirklichkeit und Nachwirkungen, München 1998 sowie Klaus Schroeder: Der SED-Staat. Geschichte und Strukturen der DDR, München 1998.

156 Vgl. Reinhard Kühnl: Faschismustheorien. Texte zur Faschismusdiskussion 2. Ein Leitfaden, Heilbronn 1990.

157 Vgl. Marc-Pierre Möll: Gesellschaft und totalitäre Ordnung, a.a.O., S. 349 ff, siehe Fn. 123 sowie Eckhard Jesse: Die „Totalitarismus-Doktrin" aus DDR-Sicht, In: Ders.: Totalitarismus im 20. Jahrhundert, a.a.O., S. 458–483, siehe Fn. 9.

158 Gerhard Lozek (* 1923; † 2008) war ein ostdeutscher Historiker. Leiter (1964–1989) des Forschungsbereichs Bürgerliche Historiographie und geschichtsideologische Auseinandersetzung an der Akademie für Gesellschaftswissenschaften beim ZK der SED. Neben der kritischen Auseinandersetzung mit der nicht-marxistischen „bürgerlichen" Geschichtsschreibung und Methodik, hatte er eine leitende Funktion in dem geschichtspolitischen Diskurs zwischen DDR und BRD. Ab den 80er Jahren kam es bei ihm zur Sicht-Veränderungen in der dogmatischen Ansicht der marxistisch-leninistischen Wissenschaftsdoktrin. Zudem strebte er eine Weiterentwicklung der marxistischen Geschichtswissenschaft an. Vgl. Gerhard Lozek: Die antikommunistische „Totalitarismus-Doktrin", In: Werner Berthold et al. (Hrsg.): Kritik der bürgerlichen Geschichtsschreibung, Köln [4]1977, S. 38–47.

gieren, während gleichzeitig eine westliche „Revanchepolitik" vernebelt und verschleiert werde.[159] Wenngleich er auch in seiner Ansicht gegen das Totalitarismuskonzept plädiert, da es für ihn als Beschreibungsmodell, aufgrund der „Nichtbeachtung der gegebenen Unterschiede" zwischen den beiden diktatorischen Systemen inadäquat erscheint, lassen sich doch mit seinen Forschungsergebnissen die totalitären Entwicklungen der westlichen Industriegesellschaften gegenüberstellen. Auch ist er einem Diktaturenvergleich zwischen NS- als auch DDR-Diktatur auf der anderen Seite zugänglich.[160] Inwiefern dies allerdings einer geistigen oder gar politischen Beeinflussung entspringt, muss offen bleiben, kann aber auch nicht ausgeschlossen werden.

Im Überblick der verschiedenen marxistischen Faschismustheorien bildete hingegen die Sicht des Kommunisten Leo Trotzkis eine Besonderheit. Als einziger marxistischer Faschist und während seines Exils, das ihm zum Überdenken seiner bisherigen Gesellschaftsvorstellung zwang, wollte er schon Mitte der dreißiger Jahre beide Systeme (NS- und SU-System) miteinander vergleichen, da sie aus den Arbeiterbewegungen heraus entstanden waren. Doch nicht nur im Hass, den beide Führer ausübten, Stalins auf die politischen Minderheiten und Hitlers auf die Juden, sah Trotzki Ähnlichkeiten, sondern auch welche Gefahr eine Spaltung der Arbeiterbewegung in sich birgt, wenn sich desorientierte Arbeitermassen nicht zusammen finden, um die bestehende Demokratie zu beschützen.[161]

Dagegen gestaltete sich das Bild der vergleichenden Faschismusforschung schwieriger. Zum einen mit den Grundlagenforschungen zur Ideologie des italienischen, französischen sowie deutschen Faschismus, welches als ein möglicher Ansatz zur Differenzierung des Totalitarismus beitragen sollte,

---

159 Gerhard Lozek: Genesis, Wandlung und Wirksamkeit der imperialistischen Totalitarismus-Doktrin, In: ZfG 14 (1966), S. 525–541, hier S. 540.

160 Gerhard Lozek: Zum Diktaturenvergleich von NS-Regime und SED-Staat. Zum Wesen der DDR im Spannungsfeld von autoritären und totalitären, aber auch demokratischen Strukturen und Praktiken, In: Dietmar Keller et al. (Hrsg.): Ansichten zur Geschichte der DDR, Bd. 4, Bonn 1994, S. 109–121.

161 Vgl. Leo Trotzki: Was Nun? Schicksalsfragen des deutschen Proletariats, Berlin 1932 sowie Mario Keßler: Heroische Illusion und Stalin-Terror, Beiträge zur Kommunismus-Forschung, Hamburg 1999, S. 98–125, insbesondere S. 116–125.

wie es der bereits erwähnte Ernst Nolte vorsah.[162] Zum anderen aufgrund des wesentlichen Primates, dass die komparatistische Faschismusforschung im Vergleich zum Totalitarismuskonzept habe, wie es Wolfgang Schieder darlegte. Demnach könnten die „genetisch-historischen" Entstehungsvoraussetzungen mit einer politikwissenschaftlichen Darstellung insofern verbunden werden, als dass dadurch zwangsläufig nicht mehr der Eindruck einer grundsätzlichen Herrschaftstypologie heraus erfolge und somit auch beispielsweise das Phänomen der Massenmobilisierung erklärbar werde.[163]

Des Weiteren versuchte Hans Mommsen eine Kontrastierung der Termini „Faschismus" sowie „Totalitarismus" aufzuzeigen und brachte damit eine Gegensicht zu der von Brachers entwickelten Totalitarismustheorie hervor. Zugleich sah er in dieser Theorie, die als das Hauptargument vorgebracht wurde, um die Zeit vor der Machtübernahme durch die faschistischen Bewegungen zu beschreiben, auch als einen „Mythos ante portas", der die tatsächliche Entwicklung der historischen Prozesse, „die zur Entstehung faschistischer Systeme führen" nicht hinreichend genug darlegen.[164] Seine entscheidenden Bedenken äußerte er gegen das allzu starre Totalitarismusmodell, welches das Herrschaftsgefüge als untrennbar Ganzes und nicht als polykratisches Herrschaftssystem konstatiert. Sonach bleibt außer Betracht, dass überdies eine Genese stattfindet, dagegen wird aber „tendenziell von den gesellschaftlichen und wirtschaftlichen Vorbedingungen abstrahiert, die die Durchsetzung totalitärer Strukturen ermöglichen".[165] Dies führe zu der Ansicht, dass mit dem Totalitarismusansatz der nationalsozialistische Führer Hitler als auch die Ideologie unmittelbar in Relation gesetzt werden und sie lassen einen beschränkten Blick aufkommen, die die komplexen Voraussetzungen der NS-Herrschaft, wie zum Beispiel der gesellschaftlichen,

162 Vgl. Ernst Nolte: Der Faschismus in seiner Epoche. Action francaise – Italienischer Faschismus – Nationalsozialismus, München 1963 [Neudruck 2000] sowie Totalitarismus und Faschismus. Eine wissenschaftliche und politische Begriffskontroverse. Kolloquium im Institut für Zeitgeschichte am 24. November 1978, München 1980, S. 30.

163 Ebd., Kolloquium im Institut für Zeitgeschichte, S. 46.

164 Ebd., S. 10 ff und 19.

165 Ebd., S. 21.

wirtschaftlichen und sozialpsychologischen Aspekte, nicht ausreichend zur Kenntnis nehmen oder berücksichtigen.[166]

Dem Totalitarismuskonzept gänzlich ablehnend stehen die Kontrahenten gegenüber. Ihr Widerspruch ist von diffiziler Art und dementsprechend ist auch ihre Beharrung darauf. So stechen für die einen die Defizite in der DDR-Forschung deutlich die Leistungen des bisherigen Konzeptes aus. Für die anderen sei die mechanisch an diesem Schema orientierte Denkform (totalitäre Machtausübung) zu ineffizient. Oder aber das Konzept entspreche nicht einer „Theorie", sondern vielmehr einer „Ideologie", wie dies Wolfgang Wippermann formulierte.[167] Ebenso diese Ansicht vertretend, dass das Totalitarismuskonzept vielmehr der Obliegenheit des Ideologisierens entspreche und somit nicht als Beschreibungsmodell für die Herrschaftssysteme geeignet sei, kommt von einer marxistischen Sichtweise, wie sie Michael Schöngarth vertritt.[168] Ob diese Argumente zur Etablierung oder aber zur Negierung des Totalitarismuskonzeptes beitragen, bleibt zunächst offen.

Gegenüber den Kritikern des Totalitarismuskonzeptes gab es aber auch Verfechter, die sich für eine Weiterentwicklung dieses Konzeptansatzes aussprachen. Allen voran der bereits erwähnte Karl Dietrich Bracher[169], der sich

---

166 Vgl. Kolloquium im Institut für Zeitgeschichte, S. 27.

167 Vgl. Gert-Joachim Glaeßner: Kommunismus – Totalitarismus – Demokratie. Studien zu einer säkularen Auseinandersetzung, Frankfurt a.M. et al. 1995, S. 130 ff; Arnold Sywottek: „Stalinismus" und „Totalitarismus" in der DDR-Geschichte, In: Deutsche Studien 30 (1993), Heft 117/118, S. 25–38; Wolfgang Wippermann: Totalitarismustheorien. Die Entwicklung der Diskussion von den Anfängen bis heute, Darmstadt 1997, S. 111 ff; Ders.: Wessen Schuld? Vom Historikerstreit zur Goldhagen-Kontroverse, Berlin 1997, S. 10 ff.

168 Vgl. Michael Schöngarth: Die Totalitarismusdiskussion in der neuen Bundesrepublik 1990 bis 1995, Köln 1996, S. 135 f.

169 Daneben unter anderem auch Martin Jänicke: Totalitäre Herrschaft. Anatomie eines politischen Begriffs, Berlin 1971; Walter Schlangen: Die Totalitarismus-Theorie. Entwicklung und Probleme, Stuttgart 1976, besonders S. 7 und 142 ff; Peter Graf Kielmansegg: Krise der Totalitarismustheorie?, In: Manfred Funke (Hrsg.): Totalitarismus. Ein Studien-Reader zur Herrschaftsanalyse moderner Diktaturen, Düsseldorf 1978, S. 61–80; Karl Dietrich Bracher: Der umstrittene Totalitarismus. Erfahrung und Aktualität, In: Ders.: Zeitgeschichtliche Kontroversen um Faschismus, Totalitarismus, Demokratie, München/Zürich [5]1984, hier S. 33–62; Ders.: Die Totalitäre Erfahrung, München/

unermüdlich dafür einsetze, dass in seinem Konzept die wissenschaftliche Sicht das Primat bildet und somit versuchte, dieses vor einer politischen Instrumentalisierung zu bewahren. Gleichwohl ihm häufig antikommunistische Neigungen zugesprochen wurden und deshalb seine Sicht argwöhnisch betrachtet wurde, da sie für die einen zu ‚theoretisch' erschien und für die anderen seine Position die zukunftsweisenden Aspekte nicht genügend mit berücksichtigte, suchte er die differenzierten Blickwinkel der totalitären Anfechtung aufzuzeigen, indem er stetig auf die präsente Gefahr hinwies:

> *„Gewiss scheinen die klassischen Systeme des Totalitarismus als Vergangenheit und Geschichte mag sich nicht wiederholen. Aber grundlegende Voraussetzungen und Komponenten des Totalitarismus und seiner Ideen bleiben gegenwärtig und aktuell in unserem krisenanfälligen Massendemokratien und Massenbewegungen und de[n] tiefgreifenden sozialen Veränderungen. Das bedeutet ein Potenzial, das von künftigen Führern mobilisiert werden kann, w[a]nn immer soziale Krisen, emotionales Bedürfnis nach Sicherheit und Ordnung, idealistisches Verlangen nach einem weltanschaulich geschlossenen, alle Fragen lösenden politischen Glauben, schließlich Hunger nach Macht und weltpolitische Spannungen überstark werden".*[170]

Obgleich Brachers Versuch, sein Totalitarismuskonzept zu retten, den Eindruck einer wissenschaftlichen Intention erkennen lässt, neigt sowohl die Denkschule seiner Mitstreiter, Verfechter als auch seiner Gegner des Totalitarismusansatzes vielmehr zu neuen oder komplizierten terminologischen Begriffsbildungen. Zumindest, wenn es um eine Historisierung der DDR geht. Zu dieser Ansicht neigenden Personen gehören unter anderem Wolfgang-Uwe Friedrich, der sich bemühte, die Bezeichnung für die SED-Herrschaft als „bürokratischen Totalitarismus" zu etablieren.[171] Auch das Bestreben Klaus Schroeders, der nicht unmittelbar zu den Mitstreitern Brachers zu zählen ist, versucht eine gänzlich neue Bewertung der DDR-Ge-

---

Zürich 1987; Siegfried Mampel: Versuch eines Ansatzes für eine Theorie des Totalitarismus, In: Konrad Löw (Hrsg.): Totalitarismus, Berlin 1988, S. 13–15 sowie Manfred Funke: Erfahrung und Aktualität des Totalitarismus – Zur definitorischen Sicherung eines umstrittenen Begriffs moderner Herrschaftslehre, In: Konrad Löw: Totalitarismus, a.a.O., S. 44–62.

170 Karl Dietrich Bracher: Der umstrittene Totalitarismus, a.a.O., S. 59.

171 Wolfgang-Uwe Friedrich: Bürokratischer Totalitarismus – Zur Typologie des SED-Regimes, In: Ders.: Die totalitäre Herrschaft der SED, a.a.O., S. 1–22, siehe Fn. 155.

schichte vorzunehmen, indem er von einem „spättotalitären Versorgungs- und Überwachungsstaates" ausgeht, erscheint hier bedenklich.[172] Neben den Verfechtern einer Weiterentwicklung des Totalitarismusansatzes stehen auf der anderen Seite auch Fürsprecher des Konzeptes als Interpretationsmodell an sich. Gleichwohl auch die Schwierigkeiten bei der empirischen Verwendung bekannt seien, bietet diese Epochenkennzeichnung als auch die Denkform des Totalitarismus dennoch ein sinnhaltiges „Hilfsmittel bei der Interpretation moderner Diktaturen" an.[173] Denn auch mit der Einsicht, dass die Totalitarismustheorie zur Beschreibung der SED-Herrschaft nicht grundlegend erscheine, diene sie trotzdem als eine vorläufige Annahme und als Hilfsmittel der Komparatistik gleichermaßen.[174]

Die Bilanz des hier dargestellten Totalitarismusansatzes- bzw. des Konzeptes ist, dass der Terminus von mehreren Seiten in Anspruch und teilweise

172 Klaus Schroeder: Der SED-Staat. Geschichte und Strukturen der DDR, a.a.O., die Einleitung S. XV und S. 643–648, siehe Fn. 155. Seine Sicht der DDR-Herrschaftsgeschichte zielt eher auf die Geschichte der SED-Parteidiktatur und zudem bilden für ihn die Herrschafts- als auch die Gesellschaftsgeschichte der DDR ein und dasselbe.

173 Hans Ulrich Wehler: Diktaturenvergleich, Totalitarismustheorie und DDR-Geschichte, In: Arndt Bauerkämper et al. (Hrsg.): Doppelte Zeitgeschichte. Deutsch-deutsche Beziehungen 1945–1990, Bonn 1998, S. 346–352, hier S. 347 f sowie Ian Kershaw: Nationalsozialistische und stalinistische Herrschaft. Möglichkeiten und Grenzen des Vergleichs, In: Mittelweg 36, 3. Jahrgang (1994), Heft 5, S. 55–64, abgedruckt bei Eckhard Jesse: Totalitarismus im 20. Jahrhundert, a.a.O., S. 213–222, siehe Fn. 9.

174 Vgl. Hans Maier (Hrsg.): ‚Totalitarismus' und ‚Politische Religionen'. Konzepte des Diktaturvergleichs, Paderborn et al. 1996; Ders., Michael Schäfer (Hrsg.): ‚Totalitarismus' und ‚Politische Religionen'. Konzepte des Diktaturvergleichs, Bd. 2, Paderborn et al. 1996; Horst Möller: Sind nationalsozialistische und kommunistische Diktaturen vergleichbar?, In: Potsdamer Bulletin für Zeithistorische Studien, Nr. 2 (1994), S. 9–19 (= gekürzte Vortragesfassung der 75. Sitzung der Enquete-Kommission, abgedruckt in: Materialien der Enquete-Kommission „Aufarbeitung von Geschichte und Folgen der SED-Diktatur in Deutschland", Bd. 9, Baden-Baden, S. 576–588; Imanuel Geiss: Die Totalitarismen unseres Jahrhunderts. Kommunismus und Nationalsozialismus im historisch-politischen Vergleich, In: Eckhard Jesse: Totalitarismus im 20. Jahrhundert, a.a.O., S. 160–175, siehe Fn. 9; Bernd Faulenbach: Die SED-Diktatur in der DDR, In: Ludger Kühnhardt, Alexander Tschubarjan: Rußland und Deutschland, a.a.O., S. 127–141, siehe Fn. 126.

vereinnahmt wurde. Anfänglich als wissenschaftlicher Begriff zur Bezeichnung ‚moderner' Diktaturen eingeführt, diente seine weitere Bedeutung für die Entwicklungen der Historiographie auch als ‚politischer Kampfbegriff'. Hierbei wiederum mit differenzierter Akzentuierung sowohl von ‚rechter' als auch von ‚linker' Seite aus, um den politischen Gegner diffamieren zu können. Dass der Begriff dabei Schaden nahm, ist offensichtlich und wurde durch die unterschiedlichen hier aufgezeigten Ansätze verdeutlicht.

Resümierend zum Totalitarismuskonzept lässt sich folgendes aussagen. Für eine Verwendung sprechen drei Gründe: **a**) um die Diktaturen des 20. Jahrhunderts in Hinsicht auf das Charakteristikum gegenüber früheren deutlich zu unterscheiden und dies begriffsmäßig zu abstrahieren; **b**) dass es als Hilfsmittel zur ‚Opferperspektive' dienen kann, um hierbei den Focus auf den einzelnen Menschen im System zu richten sowie anschließend auch für die differenzierten Gewaltmethoden sensibilisieren zu können. Und dass es **c**) die Herrschaftstechniken wie auch die Herrschaftsinstrumente ideologischer Diktaturen des 20. Jahrhunderts hin untersucht, inwiefern sie sich von den früheren Gewaltherrschaften abheben.

Diesen Begründungen stehen entgegen, dass sich **a**) sowohl faschistische als auch kommunistische Diktaturen in ihren Absichten und Inhalten deutlich voneinander unterscheiden, dies jedoch bei dem Gegenüberstellen der Herrschaftsstrukturen nicht ausreichend mit berücksichtigt wird und dadurch eine Relativierung als auch Bagatellisierung für die NS-Diktatur zur Folge haben. Außerdem erweist es sich **b**) als ein zu starres Konzept, welches sowohl empirisch keinen allzu großen Nutzen für die Analyse erweist, da es zu beschränkt ist sowie das Herrschaftsgefüge als untrennbar Ganzes und nicht als polykratisches Herrschaftssystem konstatiert.[175]

Die Totalitarismustheorien waren bemüht, die westlichen, parlamentarischen Systeme als anzustrebende Gesellschaftsformen darzustellen und linke und rechte Diktaturen als gleichermaßen davon abweichende Verfehlungen zu präsentieren.

Anhand dieser Darstellung, die neben der Klassifizierung in den fünf Strömungen und der Kritik aus verschiedenen Sichtweisen, die die terminologi-

---

175 Vgl. Eckhard Jesse: Der Totalitarismusbegriff: Inhaltsbestimmung und Entwicklungsgeschichte, In: Ludger Kühnhardt, Alexander Tschubarjan: Rußland und Deutschland, a.a.O., S. 47–60, hier S. 57, siehe Fn. 126.

schen als auch geschichtspolitischen Auseinandersetzungen der Verfechter wie auch der Gegner hervorbrachten, wird die Problematik des Totalitarismusansatzes für die Bezeichnung der DDR als ein totalitärer Staat deutlich.

4.3 Die historische Frage nach der Diktatur

Um eine angemessene Antwort auf die Frage nach dem *Unrechtsstaat DDR* geben zu können, wird sich im nun folgenden Abschnitt mit dem Ziel, einen eventuellen Bezug zum Begriff *Unrechtsstaat DDR* herstellen zu können, dem Terminus Diktatur[176] zugewendet.

Eine frühe wissenschaftliche Auseinandersetzung mit der historischen Frage nach den Ursprüngen von Diktaturen setzte schon vor dem zur Geltung gekommenen Totalitarismusmodell nach dem Zweiten Weltkrieg ein, da sich die ‚modernen Diktaturen' bereits vor allem in Europa der dreißiger Jahre konstituierten. Der Einfachheit halber soll jedoch nicht eine Historiographie der Diktaturerforschung hier erfolgen, sondern es bietet sich an, sich zuvor der Klassifizierung der Diktatur zuzuwenden, um dann anschließend die Widersprüchlichkeit des Begriffes Diktatur aufzuzeigen. Hilfreich sind hierbei unter anderem die Erkenntnisse von Franz Neumann und Otto Stammer.[177]

Im Allgemeinen ist zunächst einmal unter dem Begriff *Diktatur* eine Legitimation einer Herrschaftstechnik zu verstehen. Sie begründet sich auf die „Herrschaft einer Person oder einer Gruppe, die sich die Macht im Staat

176 Zeitlich geordnete historische Überblicksdarstellungen bieten zwar nicht mehr die aktuellen, aber dennoch die nach wie vor als Standardwerk geltenden Werke von Julius Deutsch: Wesen und Wandlung der Diktaturen, München ²1963 (erstmals: Wien et al. 1953) sowie George W. F. Hallgarten: Dämonen oder Retter? Eine kurze Geschichte der Diktatur seit 600 v. Ch., München 1966 (orig.: Devils or Saviours: A History of Dictatorship since 600 B. C., London 1957) an. Julius Deutsch (* 2. Februar 1884 in Lackenbach, Burgenland; † 17. Jänner 1968 in Wien) war ein österreichischer Politiker (SDAP); Georg Wolfgang Felix Hallgarten (* 3. Januar 1901 in München; † 22. Mai 1975 in Washington D.C.) war ein deutschstämmiger US-amerikanischer Historiker.

177 Franz Leopold Neumann (* 23. Mai 1900 in Kattowitz; † 2. September 1954 in Visp) war ein deutsch-amerikanischer Politologe und Jurist.

aneignet, sie monopolisiert und ohne Einschränkung ausübt".[178] Hinzu kommen noch weitere Aspekte, welche a) temporär bedingt und mit einer bestimmten Aufgabe versehen sind, wie beispielsweise im Verteidigungsfalle oder bei inneren Unruhen und b) als eine gesetzliche oder verfassungsmäßige Festschreibung ebenso eine Rolle spielen. Demzufolge stellt der Begriff Diktatur, wie er unter anderem in der römischen Republik entworfen worden war und sonderbarerweise später dann auf andere Regime übernommen wurde, nach der herrschaftstypologischen Bedeutung vielmehr ein Mittel zur ‚Krisenregierung' als zur Bezeichnung der wirklichen Herrschaft dar. Auf der anderen Seite ist unter dieser Prämisse die Relation zwischen der Monarchie und der Diktatur schwierig. Denn in seiner tatsächlichen Machtausübung kann der absolute Monarch nach dieser Definition sehr wohl als ‚Diktator' charakterisiert werden. Dagegen entspricht dies für seine Herrschaft, wenn sich die Begründung dessen auf die Erbfolge oder eine Wahl beruht, nicht. So kann als monarchischer Diktator nach dieser Klassifizierung lediglich der Usurpator, welcher auf keiner legalen oder traditionalen Herrschaftslegitimation basierend und von daher nur vermittels des Staatsstreiches an die Macht gelangte, bezeichnet werden.[179]

Betrachten wir *Franz Neumanns* Definition weiter, lassen sich drei Klassifikationen von diktatorischer Herrschaft unterscheiden. Dazu zählen zum einen die ‚einfache Diktatur', die zumeist mit der Herrschaftsform der Tyrannis oder der Despotie bezeichnet wird und sich infolge der noch nicht in extenso ausgeprägten politisierten wie gesellschaftlichen Verhältnisse der Aneignung ‚klassischer' Herrschafts- und Zwangsmittel autoritärer Machtausübung, wie bspw. der Armee, der Polizei oder der Bürokratie, bedienen kann. Eine andere Klassifikation bildet die ‚caesaristische Diktatur', die sich vor allem zu den bisherigen Herrschaftsmitteln nicht nur den

178 Franz Leopold Neumann: Notizen zur Theorie der Diktatur, In: Ders.: Demokratischer und autoritärer Staat. Studien zur politischen Theorie, Frankfurt a.M. 1986 (ND), S. 224–247, hier S. 224 (orig.: Notes on the Theory of Dictatorship, In: The Democratic and The Autoritarian State. Essays in Political and Legal Theory, New York 1957, S. 233–256).

179 Vgl. Max Weber: Wirtschaft und Gesellschaft. Grundriss der verstehenden Soziologie, Zweiter Halbband, Kapitel 9: Soziologie der Herrschaft, 2. Abschnitt: Wesen, Voraussetzungen und Entfaltung der bürokratischen Herrschaft, Tübingen 1972, hier S. 551–579.

Beistand in der Bevölkerung sichern, sondern auch ihn, den diktatorischen Herrschaftsanspruch, darauf konsolidieren kann. Dieser Charakterisierung entsprechen sonach die antiken Herrschaftsformen der attischen Tyrannis des Peisistratos als auch der römischen Diktatur Julius Caesars. Doch auch neuzeitliche Herrschaftsformen kommen dieser Kennzeichnung gleich, wie etwa die Herrschaften Oliver Cromwells, Napoleons I. oder aber Juan Peróns.[180]

Zur dritten Klassifikation gehört die ‚moderne totalitäre Diktatur', die hingegen durch fünf wesentliche Merkmale noch differenziert wird in: erstens die Umgestaltung des Rechtsstaates zu einem Polizeistaat; zweitens durch Abschaffung der Gewaltenteilung und der föderalen Prinzipien eine Verstärkung der Machtkonzentration; drittens mittels einer monopolistischen Staatspartei an veränderte Umstände ein leicht anpassungsfähiges Herrschaftsmittel; viertens die Verschmelzung der Gesellschaft mit dem Staat sowie fünftens die „nicht berechenbare Anwendung physischer Gewalt als permanente Drohung gegen jeden".[181]

Dem gegenüber stehen die Diktatur-Klassifizierungen *Otto Stammers*. Seine teilweise differenzierteren Erkenntnisse beziehen sich besonders auf die Ursprünge, die Legitimation, die Herrschaftsorganisation, die Ziele und den Stil der ausgeführten Politik in den Diktaturen selber. Auch er unterscheidet fünf verschiedene Diktaturtypen.[182] Dazu zählen die despotische Einzelherrschaft, die elitengebundene Herrschaft, die orientalische Despotie, die totalitären Herrschaften sowie die konstitutionelle Diktatur. Unter Einzelherrschaft verstand er, dass:

> *„die politische Macht durch einen oft moralisch bedenkenlosen, aber zu kühnen Entschlüssen aufgelegten Despoten in einer kritischen Situation eines Staatswesens bzw. einer Gesellschaft in der Regel auf dem Wege des [...] Staatsstreiche ergriffen und meist nur kurze Zeit ausgeübt wird. Es handelt sich um eine ausgesprochene*

---

180 Vgl. Franz Leopold Neumann: Demokratischer und autoritärer Staat, a. a. O., S. 227 ff.

181 Ebd., S. 234 ff.

182 Otto Stammer: Dictatorship, In: David Lawrence Sills (Hrsg.): International Encyclopedia of the Social Sciences, Vol. 4, New York 1968, S. 161–169, hier S. 162 ff. Die erhaltene deutsche Ursprungsfassung bezieht sich auf ein hektographiertes Typoskript von 1967. Abgedruckt bei: Detlef Schmiechen-Ackermann: Diktaturen im Vergleich, Darmstadt 2002, S. 6–8.

Willkürherrschaft ohne rechtliche Bindungen des Diktators, die besonders labil ist, da sie sich nicht auf eine feste Machtorganisation, sondern zumeist nur auf Verschwörergruppen, kleine Cliquen [...] zu stützen vermag".[183]

Wie für Neumann gehörten auch für Stammer die antiken Herrschaften der Griechen zur despotischen Einzelherrschaft. Allerdings umfasste seine Definitionssicht auch weitere Herrschaften, wie jene während der italienischen Renaissance, die monarchischen Despoten des 20. Jahrhunderts als auch Diktaturen in der ‚Dritten Welt'.

Die elitengebundenen Herrschaften zeichneten sich für Stammer vor allem durch die „Herausbildung einer Machtpyramide in einem autoritär regierten Staatsgebilde"[184] als das wesentliche Element dieser Klassifizierung aus. Obgleich der Diktator inmitten der maßgebenden Eliten eine führende Rolle an der Staatsspitze besetzt und sich somit auf die verschiedenen „Machtaggregate", wie beispielsweise neben den unabdinglichen Machtmitteln Polizei, Armee, Bürokratie ferner auf die besitzende Klasse oder aber auf die herrschende Gruppe im Parlament stützt, sind seinem auf eigene Interessen ausgerichtetes Handeln hin doch Schranken gesetzt. Denn, um diesen Zustand lange zu wahren, bedarf es einer ständigen Balance, das Machtgefüge zwischen denen ihm wohlgesinnten als auch jenen ihm nicht wohlgesinnten Eliten aufrechtzuerhalten, mitunter sogar die heterogenen Lager gegeneinander auszuspielen. Diesem Herrschaftstypus entsprechend, sieht Stammer beispielsweise in den spätrömischen Diktaturen, im Lordprotector Oliver Cromwell, im Konsulat und Kaisertums Napoleons I., in Louis Bonapartes plebiszitär begründetem System sowie in nicht wenigen Militärdiktaturen des 19. und 20. Jahrhunderts.

Die orientalische Despotie[185] sah er im asiatischen Gebiet vertreten, vor allem in den alten indischen und chinesischen Kulturen. Aber auch das

183 Otto Stammer: Dictatorship, a.a.O., S. 162 ff.

184 Ebd., S. 162 ff.

185 Vgl. dazu Karl August Wittfogel (* 6. September 1896 in Woltersdorf, heute Landkreis Lüchow-Dannenberg; † 25. Mai 1988 in New York, USA) war ein deutscher Soziologe und Sinologe und sein Hauptwerk: Oriental Despotism 1957 (dt. Die orientalische Despotie – Eine vergleichende Untersuchung totaler Macht, Köln / Berlin 1962).

zaristische Russland sowie der Nahe und Ferne Osten bezog er mit ein, da sich hier der Despot zumeist auf die zwei Eckpfeiler des Staates, Militär und Bürokratie, zu stützen vermochte. Die während der europäischen Zeitgeschichte entstandenen ‚modernen' Diktaturen zählen für Stammer insbesondere zu den totalitären Herrschaften. Denn das hervorragende Element dessen war neben dem politischen System des „totalen Staates" und dem Vorhandensein einer einzigen „Monopolpartei" an sich, ferner die ausnehmend vorhandene Prägung, das fast alle Bereiche der Gesellschaft mittels der Nebenorganisationen in Gänze durchdrungen werden konnten. Damit entsprachen für ihn totalitäre Herrschaften zugleich auch dem Totalitarismus:

> *„Der Begriff des Totalitarismus bezieht sich immer auch auf die Gesellschaftsstruktur und alle Maßnahmen zu ihrer Umgestaltung, auf ein dirigistisch beeinflusstes Wirtschaftssystem, auf die zur Rechtfertigung und Erhaltung der Herrschaft entwickelte politische Ideologie und Rechtsordnung und damit auf alle Regionen des ‚kulturellen Überbaus'".*[186]

Wenngleich auch Stammers Diktaturdefinitionen nicht unbedingt eng gefasst sind, denn nach den Herrschaftstechniken zu urteilen entsprechen dieser Klassifizierung die kommunistischen Diktaturen, vornehmlich die Regime in der Sowjetunion und in China. Jedoch treffen sie auf sämtliche „Systeme des westlich-faschistischen Typus" wie den italienischen Faschismus, den Nationalsozialismus und „einige halbfaschistische Diktaturen, wie das peronistische System Argentinien oder das falangistische in Spanien"[187] als totalitäre Herrschaften so nicht mehr zu, da diese Klassifizierung obsolet wurde und zudem durch die Diktaturforschung widerlegt wurde. So zählt zu totalitären Diktaturen paradigmatisch der Nationalsozialismus als auch der sowjetische Stalinismus. Hingegen werden der italienische Faschismus sowie die durch die Sowjetunion beeinflussten kommunistischen Regime mittels dieser Klassifizierung inzwischen zwiespältig gesehen.[188] Zu den konstitutionellen Diktaturen zählt Stammer Systeme, die aufgrund historischer Konstellationen in eine Staats- oder Regierungskrise gerieten und

---

186 Otto Stammer: Dictatorship, a.a.O., S. 165.

187 Ebd., S. 165.

188 Vgl. Detlef Schmiechen-Ackermann: Diktaturen im Vergleich, Darmstadt 2002, S. 22–62.

anhand eines temporär bedingten Elementes diese zu lösen versuch(t)en, wie unter anderem durch ein Notverordnungsrecht. Beispielhaft dafür steht die Weimarer Republik und wie sich durch dieses Notverordnungsrecht eine Demokratie ungehindert in eine Diktatur herausbilden kann. Sie werden auch als ‚Notstandsdiktaturen'[189] bezeichnet.

Wie verhält sich zu dieser Betrachtung der Diktatur-Klassifizierung nun die Widersprüchlichkeit des Begriffes Diktatur? Nicht erst seit dem Ende der DDR hat sich in der wissenschaftlichen Forschung der allgemeine Konsens gebildet oder vielmehr durchgesetzt, dass als Bezeichnung der DDR eine grundlegende neue und differenzierte Bedeutung erfolgen müsse. Dies verdeutlicht auch die Sicht des kommunistischen Diktaturverständnisses selber. Der Begriff Diktatur war für die DDR durchaus problematisch, obgleich sie sich als Diktatur des Proletariats verstand. Andererseits aber erwiderte die sozialistische Parteiführung auf westdeutsche Äußerungen zur DDR als eine Diktatur eher mit der Bezeichnung der Deutschen Demokratischen Republik denn als Diktatur des Proletariats.

Hingegen betrachteten große Teile der früheren westdeutschen DDR-Forschung die SBZ/ DDR vorwiegend unter dem Aspekt des Totalitarismusmodells, was dazu führte, dass sich für die intendierte Bezeichnung der DDR der Begriff Diktatur vorerst etablierte.[190] Vorerst deshalb, da sie bisher eine grobe und keine differenzierte Kennzeichnung darstellt. Allerdings werden die Bezeichnungen nicht nur aus der politik-, sondern auch aus der geschichtswissenschaftlichen Sicht weiterhin sehr kontrovers gesehen. Nicht zuletzt wegen der Betrachtung bezüglich der zeitgeschichtlichen Struktur des SED-Staates als Diktatur an sich. Wie schwer diese Kontroverse hinsichtlich der Bezeichnung ist, machen allein

189 Für die Bundesrepublik Deutschland siehe das 17. Gesetz zur Ergänzung des GG »Notstandsgesetze« vom 24. Juni 1968.

190 Andere unterschiedlich kontrovers betrachtete Diskussionen hinsichtlich der Bezeichnungen oder Definitionen sind beispielsweise die Begriffe »Wende«, »Revolution«, »Umbruch«, »Umsturz«, »Zusammenbruch«, »Kollaps«, »Implosion«, »Refolution«. Auch diese verschiedenen Termini verdeutlichen, dass eine terminologische und wissenschaftliche Begriffsfindung zur Benennung im Kontext dieser Thematik nach wie vor statt findet und noch nicht abgeschlossen ist.

schon die verschiedenen Ausdrücke deutlich. So schlug *Jürgen Kocka*[191] für die DDR den Begriff der „modernen Diktatur" vor, da sie, die DDR, sowohl über eine in hohem Maße ansehnliche Industrialisierung verfügte, als sich auch durch den zunehmenden Gebrauch technischer Mittel in der Suggestion sowie in der Observation seiner Bürger hervortat. Für *Alf Lüdtke*[192] wiederum stellte die DDR eine „durchherrschte Gesellschaft" dar, in der zumeist gänzlich alle sozialen Zusammenhänge zur Durchsetzung und Sicherung der Herrschaftsstrukturen miteinander verflochten gewesen seien. Demgegenüber brachte *Thomas Lindenberger*[193] den eineindeutigeren Begriff von der „Diktatur in der Moderne" ein. Aber auch die Bemühungen durch andere Komposita, wie es beispielsweise *Konrad Jarausch*[194] tat, der von einer „Fürsorgediktatur" sprach, sich jedoch lediglich nur auf die Amtszeit Honeckers beziehend und damit nur teilweise und auch nicht in Gänze einschätzend, versuchen das Herrschaftssystem der DDR begrifflich zu deuten. Als eine „sozialistische Partei-Diktatur" betrachtet *Klaus Schroeder*[195] die DDR, allerdings vornehmend aus der Sicht der Totalitarismustheorie und legt seinen Schwerpunkt vor allem in

---

191 Jürgen Kocka: Ein deutscher Sonderweg. Überlegungen zur Sozialgeschichte der DDR, In: APuZ B 40 (1994), S. 34–45, hier S. 43 sowie Ders.: Nationalsozialismus und SED-Diktatur in vergleichender Perspektive, In: Potsdamer Bulletin für Zeithistorische Studien, Nr. 2 (1994), S. 20–27; Ders. (Hrsg.): Vereinigungskrise. Zur Geschichte der Gegenwart, Göttingen 1995, S. 83–121, hier S. 102–108; ähnlich dazu auch Sigrid Meuschel: Nationalsozialismus und SED-Diktatur in vergleichender Perspektive, In: DA 9/1994, S. 1001–1007.

192 Alf Lüdtke: „Helden der Arbeit" – Mühen beim Arbeiten. Zur missmutigen Loyalität von Industriearbeitern in der DDR, In: Hartmut Kaelble, Jürgen Kocka, Hartmut Zwahr (Hrsg.): Sozialgeschichte der DDR, Stuttgart 1994, S. 188–213, hier S. 188 sowie Thomas Lindenberger: Alltagsgeschichte und ihr möglicher Beitrag zu einer Gesellschaftsgeschichte der DDR, In: Richard Bessel, Ralf Jessen: Die Grenzen der Diktatur, a. a. O., S. 298–325, hier S. 312, siehe Fn. 112.

193 Thomas Lindenberger: Herrschaft und Eigen-Sinn in der Diktatur, a. a. O., siehe Fn. 111.

194 Konrad H. Jarausch: Realer Sozialismus als Fürsorgediktatur. Zur begrifflichen Einordnung der DDR, In: ApuZ B 20 (1998), S. 33–46.

195 Klaus Schroeder: Der SED-Staat. Geschichte und Strukturen der DDR, a. a. O., S. 632 f. Ders.: Der SED-Staat. Partei, Staat und Gesellschaft 1949–1990, München 2000.

den „(spät-)totalitären Versorgungs- und Überwachungsstaat“ zugrunde. Wie schon bereits weiter oben erwähnt (siehe S. 55 ff.), haben nicht nur die NS-Forschung, sondern auch die neuen zeitgeschichtlichen Forschungen aufzeigen können, dass die Absicht, die Gesellschaft in extenso zu durchdringen, zwar erkennbar war, jedoch der totalitären Herrschaft hinsichtlich in ihrer Verwirklichung als auch in ihrer Ausdehnung Schranken gesetzt waren.[196]

Wenngleich auch die Versuche, die DDR anders als mit dem Begriff der Diktatur zu bezeichnen, durchaus eine neutralere Ansicht erkennen lassen, die nicht nur den Verfechtern der DDR als keine Diktatur fürsprechen, sondern für eine differenzierte, nicht ideologisierte und wissenschaftliche Betrachtung ständen, erscheinen sie aber – bisher – als fragwürdig. Denn weder kann die DDR als eine „sozialistische Ständegesellschaft“, die zum Beispiel den nicht oder nur in unzureichendem Maße vorhandenen demokratischen Rückhalt des KPD/ SED-Regimes besäße oder die Nichtbeachtung der Menschen- wie Bürgerrechte garantiere, wie dies *Artur Meier*[197] tat, bezeichnet werden, noch von einer „Parteiherrschaft“ mit „sozialer Entdifferenzierung“ ausgegangen werden, so *Sigrid Meuschel*[198], die aufzuzeigen versuchte, dass die Gesellschaftspolitik der SED einer politischen und sozialen Egalität entspräche, die um eine „Stilllegung“ der Gesellschaft bestrebt war. Inwiefern jedoch dabei zum einen die Stabilität des über vier Jahrzehnte existierenden Staates und zum anderen die unerwartete Revolution zur „Stilllegung“ beitrugen, bleibt offen und trägt dementsprechend nicht zur ausreichenden Darstellung bei. Auch die Erklärungsansätze aus soziologischer Perspektive konnten nicht genügend dazu beitragen, wie die Bestrebungen *Christiane Lemkes*[199] zeigen, die DDR als „politische

---

196 Vgl. Eckhard Jesse: Diktaturen in Deutschland, a.a.O., siehe Fn. 102.

197 Artur Meier: Abschied von der sozialistischen Ständegesellschaft, In: APuZ B 16/17 (1990), S. 3–14.

198 Sigrid Meuschel: Legitimation und Parteiherrschaft. Zum Paradox von Stabilität und Revolution in der DDR 1945–1989, Frankfurt a.M. 1992.

199 Christiane Lemke: Die Ursachen des Umbruchs 1989. Politische Sozialisation in der ehemaligen DDR, Opladen 1991, (Schriften des Zentralinstituts für Sozialwissenschaftliche Forschung der Freien Universität Berlin).

Doppelkultur" zu sehen, indem sie die Ambivalenz der politisch-ideologischen Inanspruchnahme mit der geringen persönlichen Verwirklichung nachzuweisen versuchte. Gleichsam ging *Detlef Pollack*[200] zunächst von der DDR als eine „Organisationsgesellschaft" aus, in der der politische Apparat über die Gesellschaft insgesamt herrschte und sich somit die DDR-Gesellschaft nicht fortentwickeln konnte. Diese Ansicht revidierend, ging er dann von der DDR als einer „konstitutiv widersprüchlichen Gesellschaft" aus, in der sich „Tendenzen der politischen Homogenisierung [...] gegen Tendenzen der funktionalen Differenzierung"[201] gegenüber ständen. Demzufolge sei in Bezug auf die ‚durchherrschte Gesellschaft' die DDR für ihn eher „ein zentral geplantes und von außen in Gang gesetztes Umbauprojekt [...], das die gesamte Gesellschaft erfassen sollte, das aber nicht mit der Beharrungskraft und der Eigendynamik der gesellschaftlichen Teilbereiche rechnete und daher stets mit unintendierten Folgewirkungen fertig werden musste".[202] Zu vergleichbaren Rückschlüssen, jedoch aus juristischer Sicht, kam auch *Rolf Henrichs*[203] in seiner regimekritischen Ansicht über den „vormundschaftlichen Staat", wenngleich er auch die Gesellschaftsstrukturen wesentlich geringer soziologisch nuancierte. Wie jedoch bar jeglicher deutschen Historiographie als auch wissenschaftlichen Erkenntnissen hinsichtlich der DDR von einer „Aushandlungsgesellschaft" ausgegangen werden kann, wie *Wolfgang Englers*[204] Ansichten darlegen, in welcher sich die Regenten mit den Bürgern auf einer Ebene befänden, bleibt nicht nur fraglich, sondern auch dubios zugleich.

---

200 Detlef Pollack: Das Ende einer Organisationsgesellschaft: Systemtheoretische Überlegungen zum gesellschaftlichen Umbruch in der DDR, In: Zeitschrift für Soziologie 19, Heft 4 (1990), S. 292–307 sowie Ders.: Die konstitutive Widersprüchlichkeit der DDR – oder: War die DDR-Gesellschaft homogen?, In: GG 24 (1998), S. 110–131.

201 Detlef Pollack: Die konstitutive Widersprüchlichkeit der DDR, In: GG 24 (1998), S. 116.

202 Ebd., S. 129.

203 Rolf Henrich: Der vormundschaftliche Staat. Vom Versagen des real existierenden Sozialismus, Hamburg 1989.

204 Wolfgang Engler: Die zivilisatorische Lücke, Versuche über den Staatssozialismus, Frankfurt a.M. 1993.

Die Widersprüchlichkeiten des Begriffes Diktatur zur Bezeichnung der DDR als solche verdeutlichen den Dissens in der Kontroverse und zeigen, wie schwer es ist, sich auf einen Begriff zu einigen. Zwar sind die nominellen Bestrebungen um eine Deutung wissenschaftlich intendiert, aber emotionale Reaktionen bleiben nicht – oder lösen diese gerade – aus.

5. Historische Betrachtung II

Im vorherigen Kapitel ging es darum, eine wissenschaftlich-historische Ebene in der Darstellung zur DDR Betrachtung aufzuzeigen. Hierbei zeigte sich, dass diese Betrachtungsebenen von Forschern und Autoren hervor gebracht wurden, die in der Mehrzahl ihre Ansicht über die DDR durch ihre westdeutsche Sozialisierung erhielten sowie von dieser geprägt sind. Dem gegenüber soll sich im nun folgenden Kapitel den Gegenansichten zugewendet werden. Dabei spielen insbesondere drei Aspekte eine Rolle: zum einen sollen die Sicht und die Empfindung zur Aufarbeitung sowie zur ‚Auseinandersetzung' mit der DDR nach der Transformation 1989 in das wiedervereinigte Deutschland von Akteuren und Betroffenen der DDR selber aufgezeigt werden. Inwiefern hierbei die Realität der Idealität konträr gegenüber steht, wird versucht wertneutral wiederzugeben, jedoch kritisch betrachtet. Zu den Vertretern der ehemaligen DDR und ihrer Perspektive, die sich sowohl im publizistischen als auch im wissenschaftlichen Feld äußerten, zählen unter anderem Dieter Segert, Erich Buchholz, Gerhard Riege, Lothar Bisky, Uwe-Jens Heuer und Volkmar Schöneburg.[205]

Zum anderen werden die Auseinandersetzungen hinsichtlich der geschichts- und der erinnerungspolitischen DDR-Vergangenheit auf bundespolitischer Sicht dargestellt. Hierbei geht es vor allem um die Frage nach der DDR-Erinnerung sowie ihren Bezug zum *Unrechtsstaat DDR* und somit letzten Endes auch um die – zukünftige wie historische – Deutungshoheit über diese.

---

205 Dieter Segert (* 1952 in Salzwedel) ist ein deutscher Politikwissenschaftler / Erich Buchholz (* 8. Februar 1927 in Berlin) ist ein deutscher Jurist und Publizist / Gerhard Riege (* 23. Mai 1930 in Gräfenroda; † 15. Februar 1992 in Geunitz, Gemeinde Reinstädt) war ein deutscher Rechtswissenschaftler und Politiker (Kulturbund/PDS) / Lothar Bisky (* 17. August 1941 in Zollbrück, Kreis Rummelsburg in Pommern; † 13. August 2013 in Leipzig) war ein deutscher Politiker (Die Linke) / Uwe-Jens Heuer (* 11. Juli 1927 in Essen; † 22. Oktober 2011 in Berlin) war ein deutscher Rechtswissenschaftler und Politiker (SED, PDS, Die Linke) / Volkmar Schöneburg (* 30. Juni 1958 in Potsdam) ist ein deutscher Politiker (PDS, Die Linke), Jurist und war von 2009–2013 Justiz-Minister des Landes Brandenburg.

In einem abschließenden letzten Abschnitt wird sich der wissenschaftlichen Sicht, die nicht frei von den erst genannten Einflüssen war, zugewendet. Hierbei geht es vor allem um die Frage, wie eine künftige Auseinandersetzung mit der DDR, aufgrund der in über zwei Jahrzehnte gesammelten und währenden Erfahrung, sowohl möglich als auch den Deutschen gerecht werden könnte. Doch bevor darüber disputiert wird, wem die Geschichte und sonach 1989 schließlich gehören kann, soll die andere Seite gehört werden – Audiatur et altera pars.

5.1 DDR Reflexion aus ostdeutscher Sicht

Im Hinblick auf die politisch-gesellschaftlichen Ereignisse im Herbst 1989 mit dem Ergebnis der lang ersehnten politischen Einheit Deutschlands begannen zugleich auch früh Gespräche von einer Wiedervereinigung.[206] Aber inwiefern kann für den Zeitraum vom Herbst 1989 bis zum Herbst 1990 überhaupt von einer ‚Wiedervereinigung' ausgegangen werden oder war dies vielmehr ein ‚Anschluss' der DDR an die Bundesrepublik laut Art. 23 des Grundgesetzes?[207] Unbestritten setzt ersteres zwei gleichrangige Partner

---

206 Im Kontext der historischen Ereignisse des Herbstes 1989 waren auch politische Maßnahmen zur Aufarbeitung der DDR-Vergangenheit erarbeitet worden. Dazu zählen unter anderem die strafrechtliche Verfolgung von Regierungskriminalität, Mauerschützenprozesse, Wahlfälschverfahren, die Klärung von Wiedergutmachungen und Entschädigungsforderungen, die Öffnung der Stasi-Akten, Rehabilitierungsmaßnahmen oder das Stasi-Unterlagen-Gesetz. Diese Maßnahmen sind noch Ende 1989 von der DDR-Regierung eingeleitet und im Verlauf des Folgejahres von den jeweiligen DDR-Regierungen unter Hans Modrow, Lothar de Maiziére als auch von außerparlamentarischen Oppositionsgruppen am „Runden Tisch" mit initiiert worden. Der Aufklärungsdruck ging von den Bürgern der DDR aus und widersprach zunächst den Diskreditierungsversuchen der Alt-BRD. Ab 1991/92 änderten sich dann diese politischen Bestrebungen. Vgl. Lore Maria Peschel-Gutzeit, Birgit Geigle: Die Bedeutung des Nürnberger Juristenprozesses für die justizielle Bearbeitung der DDR-Vergangenheit, In: Helmut König, Michael Kohlstruck, Andreas Wöll (Hrsg.): Vergangenheitsbewältigung am Ende des zwanzigsten Jahrhunderts, Opladen 1998, S. 111–135 sowie Alexsander Smolar: Vergangenheitspolitik nach 1989. Eine vergleichende Zwischenbilanz, In: Transit, Europäische Revue 18, 1999/2000, S. 81–101.

207 Sowohl im Art. 23 des GG vom 23. Mai 1949 als auch in den Art. 1 und 3 des Einigungsvertrages vom 31. August 1990 wird von einem Beitritt gesprochen.

voraus – letzteres nicht. Diese Frage erscheint bei folgender Betrachtung als angebracht, obzwar heute einige dieser Ansichten bereits als obsolet oder in der Tat als nicht mehr nachvollziehbar erscheinen mögen. Damals war dies so noch nicht voraussehbar. Doch um diese Anfänge geht es, denn sie vergegenwärtigen den Terminus politicus des *Unrechtsstaates* für das heutige Verständnis mit der Beschäftigung der DDR – da er nach wie vor in den öffentlich-politischen als auch wissenschafts-historischen Kontext eingebracht wird. Auffallend ist hier vor allem, dass den ehemaligen Bürgern der DDR, wozu neben den politischen Protagonisten auch die Mehrheit der Bevölkerung zählte, bei ihren Wahrnehmungen anhand der gesellschaftlichen Veränderungen Zweifel aufkamen. Diese Zweifel wurden insbesondere in den neuen politischen und rechtsstaatlichen Entwicklungen nach 1989 gesehen, die zwar von einer ‚gleichrangigen' Betrachtung ausgingen, aber für die ehemaligen Bürger der DDR so nicht zuträfen. Dazu zählten unter anderem das Gesetz über die offenen Vermögensfragen sowie der Streit über die Entschädigungsregelungen. Somit wurde die Wiedervereinigung für viele ehemalige Bürger der DDR im Ergebnis und dem Voranschreiten der deutschen Einheit vielmehr als eine ‚Restauration' gesehen.[208]

Auch die öffentlich-politische Bezeichnung des *Unrechtsstaates DDR* bleibt zweifelhaft, wie die des damaligen Bundesjustizminister Klaus Kinkel,

---

Die Bezeichnung ‚Anschluss' geht auf die Perzeption der ehemaligen politischen Protagonisten der DDR, insbesondere der PDS, zurück. Vgl. Uwe-Jens Heuer, Gerhard Riege: Der Rechtsstaat – eine Legende? Erfahrungen zweier Rechtswissenschaftler 1990/91 in Volkskammer und Bundestag, Baden-Baden 1992, S. 25.

208 Vgl. dazu Jacob Burckhardt: Weltgeschichtliche Betrachtungen, hrsg. von Jacob Oeri, Berlin/ Stuttgart 1905, S. 180 f. Jacob Burckhard (* 25. Mai 1818 in Basel; † 8. August 1897 ebenda) war ein bedeutender Schweizer Kulturhistoriker. Der Zugang zu Burckhardts Werk liegt vor allem in seinen „Weltgeschichtlichen Betrachtungen", einer Vorlesungsreihe, die er unter dem Titel „Über das Studium der Geschichte" hielt. Sein Neffe Jacob Oeri gab sie später unter dem neuen Titel heraus. Sie stellen einen Versuch dar, die Aporien des Historismus durch ein typologisches System historischer Konstanten zu überwinden und ein universalgeschichtlich begründetes Urteil über die eigene Zeit zu gewinnen sowie Uwe-Jens Heuer, Michael Schumann: Politik und Justiz in der Auseinandersetzung um die DDR-Geschichte, In: Dies., Lothar Bisky (Hrsg.): „Unrechtsstaat"?, Politische Justiz und die Aufarbeitung der DDR-Vergangenheit, Hamburg 1994, S. 10–31.

als er am 23. September 1991 auf dem 15. Deutschen Richtertag in Köln zu den Anwesenden sprach:

> *„Sie, meine Damen und Herren, haben als Richter und Staatsanwälte bei dem, was noch auf uns zukommt, eine ganz besondere Aufgabe. Es wird sehr darauf ankommen, wie die in allen Rechtsbereichen auf die Gerichte zukommenden Fragen behandelt werden, ob es vor allem auch gelingen wird, die für die Einheit so wichtige Akzeptanz der gerichtlichen Entscheidungen bei den Menschen zu erreichen. Davon hängt ab, ob der Rechtsstaat in den Augen der Bevölkerung in der Lage ist, mit dem fertig zu werden, was uns das vierzigjährige Unrechtsregime in der früheren DDR hinterlassen hat. [...] Ich weiß sehr wohl, dass die Gerichte nicht allein leisten können, was aufzuarbeiten ist. Aber einen wesentlichen Teil ‚müssen' Sie leisten, alternativlos. Ich baue auf die deutsche Justiz. Es muß gelingen, das SED-System zu delegitimieren, das bis zum bitteren Ende seine Rechtfertigung aus antifaschistischer Gesinnung, angeblich höheren Werten und behaupteter absoluter Humanität hergeleitet hat, während es unter dem Deckmantel des Marxismus-Leninismus einen Staat aufbaute, der in weiten Bereichen genauso unmenschlich und schrecklich war wie das faschistische Deutschland, das man bekämpfte und – zu Recht – nie wieder entstehen lassen wollte. [...] Politische Straftaten in der früheren DDR dürfen nicht verjähren. Die Entscheidung darüber liegt allein bei den Gerichten. [...] Der Gesetzgeber kann aus rechtsstaatlichen Gründen wegen des Problems der Rückwirkung nicht tätig werden".*[209]

Damit begannen die Bestrebungen einer politischen Gleichsetzung des NS-Regimes mit der DDR, um die (westdeutsche) Deutungshoheit über die DDR einerseits sowie die Herausstellung der Regierungskriminalität des DDR-Systems andererseits, die bis zum heutigen Tage nicht abgeschlossen sind. Nach Bekanntgabe[210] des Gesagten, rief dies nicht nur Missverständnis oder gar Unverständnis, sondern zudem emotionale Reaktionen speziell bei Bürgern der ehemaligen DDR hervor. Auch die zunächst in der Journalis-

---

209 Vgl. Deutsche Richterzeitung, Heft 1/1992, S. 4 f. sowie auch die Artikel: Gegen Verjährung politischer Straftaten, In: Süddeutsche Zeitung vom 24. September 1991 sowie Thomas Pillich, Klaus Steininger: Ein Staat rechnet ab, In: Marxistische Blätter, Heft 3 /1993, S. 11. Zum Problem der ‚Rückwirkung' (nulla poena sine lege) siehe S. 42. dieser Arbeit sowie Fn. 79.

210 Schon auf dem ersten Forum des Bundesjustizministers am 09. Juli 1991 in Bonn wurde bereits unter dem Titel „40 Jahre SED-Unrecht – eine Herausforderung für den Rechtsstaat" diese politische Zielstellung dargestellt. Vgl. das Referat von Klaus Kinkel, In: 40 Jahre SED-Unrecht. Eine Herausforderung für den Rechtsstaat, Sonderheft der Zeitschrift für Gesetzgebung, 1991, S. 6.

tik[211] sowie Politik betriebene Reduzierung der DDR auf ‚Stasi-Akten' und deren ‚Scheinaufarbeitung', trug zur negativen Deutung der DDR ebenso bei, wie sie auf der anderen Seite eine gesellschaftliche N(O)stalgie in den Köpfen der ‚Verlierer' als eine schützende Gegenreaktion hervorrief.[212]

Fragwürdig erscheint dabei vor allem, wie sich dieses Bestreben auf politischer Ebene vollzog. So unter anderem in der Bundestagsdebatte am 12. März 1992 zur Einsetzung der ersten Enquete-Kommission „Aufarbeitung der Geschichte und der Folgen der SED-Diktatur"[213], als der PDS vorgeworfen wurde, die Geschichte zu instrumentalisieren, während sie sich gegen eine Gleichsetzung zwischen NS- und DDR-Diktatur wehrte und auf der Differenzierung der *verschiedenen* deutschen Vergangenheiten bestand. Dass diese Haltung der Gleichsetzung beider Systeme problematisch erscheint, verdeutlichen die teilweise bis in die Gegenwart reichenden gesellschafts- sowie wissenschafts-politischen Kontroversen. Denn bis heute muss

211 So bspw. die auf Ostdeutschland ausgerichtete Zeitschrift Super Illu, die vorwiegend mit dem Mittel der ‚Enthüllungs-Methode', angewandt unter anderem vom Forschungsverband SED-Staat, besonders auf dem Gebiet der Delegitimierung der DDR wirkte. Zentrale Themen sind die ‚Aufarbeitung' der DDR-Vergangenheit sowie die Entwicklung der deutschen Einheit. Den Geschäftsangaben nach erreichen sie mit dieser Zeitschrift 21 % der über 14 jährigen in Ostdeutschland und haben sonach mehr Einfluss als Spiegel, Focus, Stern und Bunte zusammen.

212 Siehe bspw. den Film von Jan N. Lorenzen: Meine Heimat: DDR! Erstausstrahlung 06. November 2012 / 23:00 Uhr / rbb. Produziert 2012. Entstanden ist ein Film, der nicht nur die krude Logik der DDR-Nostalgiker offen legt, sondern auch deutlich macht, wie sehr die ungelösten sozialen Probleme in der Gegenwart dazu beitragen, ein romantisches Bild der DDR am Leben zu erhalten. Lesenswert dazu ist auch der Aufsatz über die Wahrnehmungsperspektiven zur DDR von Konrad H. Jarausch: Die Zukunft der ostdeutschen Vergangenheit – Was wird aus der DDR-Geschichte?, In: Jens Hüttmann, Ulrich Mählert, Peer Pasternack: DDR-Geschichte vermitteln, a. a. O., S. 81–99, insbesondere S. 83–89, siehe Fn. 2.

213 Während sich die erste Enquete-Kommission (1992–1994) mit dem Titel „Enquete-Kommission im Deutschen Bundestag zur Aufarbeitung der Geschichte und Folgen der SED-Diktatur in Deutschland" bedeutenderweise mit den Fragen nach der Geschichtspolitik in den 90er Jahren beschäftigte, war hingegen für die zweite Enquete-Kommission (1995–1998) mit dem Titel „Überwindung der Folgen der SED-Diktatur im Prozess der deutschen Einheit" die Erinnerungspolitik zentral.

immer wieder betont werden, dass bei einem *Ver*gleich weder eine Bagatellisierung des einen Systems, noch eine Kriminalisierung des anderen Systems stattfindet (S. 49 f.). Aber nicht nur die Gleichsetzung beider deutschen Diktaturen erschien politisch bedenklich, sondern auch die Formulierung des politischen Systems der DDR als „SED-Unrechts-Regime" im Artikel 17 des Einigungsvertrages[214], gegen die sich die Bürger der ehemaligen DDR verwehrten. Führte doch dieser gewählte Begriff dazu, die ehemalige DDR in Gänze sowohl generell als auch politisch-moralisch herabzusetzen. Ob dieses Bestreben ungewollt oder gar einer politisch gewollten Indoktrination entsprang, muss offen bleiben, kann aber auch nicht ausgeschlossen werden. Diese Wahrnehmungen verdeutlichen die bis heute bestehende Problematik im Umgang mit der Auseinandersetzung der DDR. Allerdings gab es auch andere Meinungen, wie die von Gunther Hofmann, der diesen Disput treffend wiedergab, indem er schrieb:

> *„Der politische Streit, der die Folie abgibt für die Enquetekommission, handelt insgeheim aber auch von dem Wunsch, sich der gemeinsamen deutschen Vergangenheit zu entledigen, indem die vierzig Jahre SED-Herrschaft zum alleinigen Thema gemacht werden".*[215]

Hingegen wurden anderen kritischen Einwendungen, wie die des PDS-Abgeordneten Uwe-Jens Heuer, der in seiner Rede auf diese Gleichsetzung einging und bemerkte, dass dadurch „Erich Honecker […] zum Stalin von heute gemacht und die DDR-Geschichte so dargestellt werde, als ob die DDR die Fortsetzung des Nazi-Staates gewesen sei", mit Zwischenrufen im Bundestag wie „Sehr wahr! Rot und Braun!" kommentiert.[216] Derlei Ansichten sind nicht von allen geteilt worden. So gab es auch von Nicht-Partei-Mitgliedern Einsprüche gegen solche Äußerungen, wie die Eberhard Jäckels zeigen, der in Bezug auf die Verfolgung Erich Honeckers meinte, er werde gejagt, „wie Eichmann von den Deutschen hätte gejagt werden müssen".[217]

---

214 Siehe dazu Art. 17 des Einigungsvertrages vom 31. August 1990.

215 Gunther Hofmann: Mühsamer Prolog der Deutschen, In: Die Zeit, Nr. 13 vom 20. März 1992, S. 10.

216 Uwe-Jens Heuer, Gerhard Riege: Der Rechtsstaat – eine Legende?, a. a. O., S. 7, siehe Fn. 207.

217 Zitiert nach Gunther Hofmann: Mühsamer Prolog der Deutschen, a. a. O., siehe Fn. 215.

Den Bürgern der ehemaligen DDR und insbesondere diejenigen, die sich politisch in der PDS engagierten, wurde vor allem durch die damalige CDU-Regierung im ersten Nachwendejahrzehnt das ‚Recht' abgesprochen, sich über Recht und Gerechtigkeit sowohl öffentlich als auch politisch Gehör zu verschaffen. Schnell waren jene, die sich dennoch dazu äußerten, entweder als ‚Wendehälse' oder als ‚Überzeugungstäter' charakterisiert worden, was einem schwarz-weißen Denken gleichkommt.[218] Auffallend war auch das Bestreben im Kontext dieser Gleichsetzung, die DDR an ihrem eigenen Recht zu messen und als *Unrechtsstaat* zu exemplifizieren. Nach juristischem Verständnis ist dies nur möglich, wenn das Recht des Staates DDR als Recht von der Bundesrepublik de jure nicht anerkannt worden wäre.[219] Da rein juristisch[220] nicht mit dem Recht des *Unrechtsstaates* eine Charakterisierung desgleichen erzielt werden kann oder konnte, haftete

---

218 Vgl. Bernd Rüthers: Das Scheitern des „Frühsozialismus" als Ausflucht, In: FAZ vom 7. November 1990. Die als ‚marxistische' Gruppe bezeichneten Apologeten der abgewickelten oder frühpensionierten DDR-Historiker konnten sich vorwiegend im außeruniversitären Bereich behaupteten und erhielten Unterstützung in der Historischen Kommission der PDS, der Rosa-Luxemburg-Stiftung oder Vereinen wie die „Helle Panke". Vgl. Konrad H. Jarausch: Die Zukunft der ostdeutschen Vergangenheit – Was wird aus der DDR-Geschichte?, In: Jens Hüttmann, Ulrich Mählert, Peer Pasternack: DDR-Geschichte vermitteln, a. a. O., S. 84, siehe Fn. 2.

219 Uwe-Jens Heuer, Michael Schumann: Politik und Justiz in der Auseinandersetzung um die DDR-Geschichte, In: Dies., Lothar Bisky: „Unrechtsstaat"?, a. a. O., S. 15–23, siehe Fn. 208.

220 Vgl. dazu das GG der Bundesrepublik Deutschland im Art. 103, Abs. 2 sowie der Einigungsvertrag vom 31. August 1990 im Art. 9 über das Fortgeltende Recht der Deutschen Demokratischen Republik.
In diesem Kontext steht auch das „Gesetz über die innerdeutsche Rechts- und Amtshilfe in Strafsachen" vom 2. Mai 1953 (RHG), abgedruckt im BGBl. Teil I, S. 161, was für die zwischenstaatlichen Beziehungen insofern von Bedeutung war, als dass dieses westdeutsche Gesetz in Bezug auf die Staatsbürgerschaft und der Auslieferungspflicht an die DDR nur bedingt Anwendung fand. Auch mit dem Grundlagenvertrag von 1972 änderte sich an der westdeutschen Auffassung über die Staatsbürgerschaft wenig. Das RHG behandelte Urteile ostzonaler Gerichte – wenn auch nur bedingt – als Gerichtsurteile und eröffnete keine neuen Urteilsverfahren, sondern führte nur eine Nachprüfung durch, ähnlich wie bei einem Auslieferungsverfahren. Vgl. Karl Josef Partsch: Die Rechte und Freiheiten der europäischen Menschen-

dieser Vorgehensweise der Duktus der politischen Strafverfolgung an, wie dies unter anderem Erich Buchholz aufzeigte.[221] Auf einen besonders frappierenden Aspekt im Zusammenhang mit der Benutzung des Terminus *Unrechtsstaates* machte zudem Volkmar Schöneburg aufmerksam, als er darauf verwies, dass bis 1994 von altbundesrepublikanischer Seite her kein anderer Staat offiziell mit diesem Terminus in Verbindung gebracht oder so bezeichnet wurde, weder Pinochets Chile oder das Apartheidregime Südafrikas, noch Francos Spanien, Salazars Portugal oder die griechische Obristendiktatur.[222] Erstmals im Jahre 2008 ist ein anderer Staat als die ehemalige DDR so bezeichnet worden, wenngleich auch nur in der Rechtssprechung des Verwaltungsgerichtes Karlsruhe, das in einem Urteil Myanmar und die dort seit über drei Jahrzehnten herrschende Diktatur der Militärjunta als *Unrechtsstaat* charakterisierte.[223]

Diese permanenten Versuche, die Gleichsetzung zwischen der DDR und dem Nationalsozialismus und sonach die Darstellung als *Unrechtsstaat* zu betreiben, mündeten in der lang anhaltenden Wahrnehmung, die DDR könne keine andere Gesellschaft oder gar ein Staat gewesen sein, sondern sei das Böse in reinster Ausprägung par excellence.[224] Gegen eine derartige Wahrnehmung, die politisch instrumentalisierte Diabolisierung der DDR zu betreiben, regte sich gesellschaftlicher Widerstand, der nachvollziehbar erschien und insofern eine ‚Neuerung' beinhaltete, wenn:

> *„Das politische System der Bundesrepublik [...] [den] Oppositionellen die Möglichkeit [gibt], den Maßnahmen der Herrschenden öffentlich zu widersprechen. Das ist unbestreitbar ein Fortschritt".*[225]

---

rechtskonvention. Sonderdruck aus dem Handbuch „Die Grundrechte", Bd. 1, Berlin 1966, S. 138–168, hier S. 141–148.

221 Vgl. Erich Buchholz: Politisches Strafrecht, In: Uwe-Jens Heuer, Michael Schumann, Lothar Bisky: „Unrechtsstaat"?, a. a. O., S. 32–38, siehe Fn. 208.

222 Vgl. Volkmar Schöneburg: Recht im nazifaschistischen und im „realsozialistischen" deutschen Staat. Diskontinuitäten und Kontinuitäten, In: Neue Justiz, 1992, S. 49 ff.

223 Vgl. Verwaltungsgericht Karlsruhe, Urteil vom 16. Dezember 2008, Az.: A 11 K 1340/08.

224 Vgl. Heidrun Hegewald: Die Differenzierung ist das Gebot, In: Utopie kreativ, Heft 17/18 (März, April 1992), S. 108.

225 Uwe-Jens Heuer, Gerhard Riege: Der Rechtsstaat – eine Legende?, a. a. O., S. 24, siehe Fn. 207.

Aber worin bestand das sich Verwehren gegen den Versuch, der Deutung der DDR als *Unrechtsstaat* und der damit zu erzielenden politischen Wirkung, aus der Sicht ehemaligen DDR-Bürger? Vorwiegend in den juristischen und ökonomischen Diskursen mit der DDR, die eine „rechtliche Ungleichstellung von DDR-Bürgern in der Eigentumsfrage durch Festschreibung des Prinzips ‚Rückgabe' vor ‚Entschädigung' [sowie] die vertragliche Qualifizierung der DDR als SED-Unrechts-Regime im Kontext von Art. 17"[226] des Einigungsvertrages festschrieben. Beide Aspekte stellten nicht minder auch eine ideologische Auseinandersetzung dar. Ideologisch insofern, als dass durch die angestrebten „Pilot- und Musterprozessen" sowie „die Einleitung der Ermittlungsverfahren" somit der Judikative „die Rolle der Delegitimierung der DDR zugeordnet"[227] wurde. Eine solche Vorgehensweise stellt kein Novum in der deutschen Aufarbeitung und Auseinandersetzung der eigenen historischen Vergangenheit dar. Bereits 1961 erkannte und beschrieb Otto Kirchheimer diese Vorgehensweise schon in seinem Werk ‚Politische Justiz':

> *„Hat man sich aber einmal für die Unterdrückung einer umstürzlerischen Bewegung entschieden, so bedarf es im Rahmen einer rechtsstaatlichen Ordnung der vorbehaltlosen Mitwirkung aller Organe der Gesetzgebung, Verwaltung und Justiz, damit die Entscheidung in die Praxis umgesetzt werden kann".*[228]

Am 3. Oktober 1990 hörte die DDR juristisch als auch politisch auf zu existieren. Damit war kein Widerstand mehr vorhanden, um sich einerseits gegen die in den folgenden Jahren durchgeführten politischen Diffamierungen sowie auch andererseits gegen die juristischen Prozessierungen erwehren zu können. Angesichts dieser ‚Staatsniederlage' konnten die Bestrebungen zur Delegitimierung dahingehend auch weiter geführt werden, um die:

> *„Niederlage im Lichte einer weitergespannten geschichtlichen oder moralischen Rechtfertigungsargumentation als unumgänglich und gerecht hinzustellen [...] [und] die bildprägende Wirkung des Gerichtsprozesses [...] [somit] ein offizielles autoritatives, gewissermaßen neutrales Postament [vermittelt]".*[229]

---

226 Uwe-Jens Heuer, Michael Schumann: Politik und Justiz in der Auseinandersetzung um die DDR-Geschichte, In: Dies., Lothar Bisky: „Unrechtsstaat"?, a.a.O., S. 7, siehe Fn. 208.

227 Uwe-Jens Heuer, Gerhard Riege: Der Rechtsstaat – eine Legende?, a.a.O., S. 23.

228 Otto Kirchheimer: Politische Justiz, Neuwied und Berlin 1965, S. 609 ff.

229 Ebd., S. 609 ff.

Zweifelsohne erscheint diese Vorgehensweise problematisch, wenn zum einen ein Staat in einem anderen aufgeht oder diesem eigenständig bzw. freiwillig beitritt[230] und wenn das politische wie auch das juristische Gesellschaftssystem übernommen werden und dann zum anderen versucht wird, gegen diese eigenen (westdeutschen) politischen sowie juristischen Maßstäbe vorhandene rechtliche Grundsätze – wie nulla poena sine lege – außer Kraft zu setzen, um rückwirkend richten zu können. Mit einer Gleichrangigkeit hat dies wenig zu tun, wenn nach dem bundesdeutschen Recht die SED seit ihrer Gründung als illegale Organisation schlechthin dargestellt wird.[231] Fraglich erscheinen dabei aber die jahrzehntelangen staatlichen Beziehungen, die unbestritten mühselig erarbeitet wurden, als auch die miteinander geschlossenen Verträge. Würden sie doch den Makel aufkommen lassen, die westdeutsche Bundesrepublik habe mit einem ‚Verbrecherstaat' politische, gesellschaftliche oder gar wirtschaftliche Beziehungen unterhalten. Aber dieser Makel wurde nicht bedacht, sodass nach Bonner Maßstäben die DDR immer das war, als was sie dem Anscheine nach auch tatsächlich gesehen wurde: kein Ausland, sondern Inland. Und für dieses Inland galt

230 Vgl. das GG der Bundesrepublik Deutschland im Art. 23 (Beitrittsklausel), der dann im Einigungsvertrag im Art. 4, Abs. 2 zwischen der BRD und der DDR vom 31. August 1990 aufgehoben wurde und wo dann im Art. 4 Abs. 5 der neue Art. 143 eingefügt wurde. Wichtig hierbei sind die Abs. 1– 3 des Art. 143, die zwar Abweichungen des Einigungsvertrages zeitlich bis zum Jahre 1992 (Abs. 1) bzw. 1995 (Abs. 3) begrenzen, aber in denen auch festgeschrieben steht, dass jene Abweichungen nicht gegen die Art. 1 und 20 (*Die Gesetzgebung ist an die verfassungsmäßige Ordnung, die vollziehende Gewalt und die Rechtsprechung sind an Gesetz und Recht gebunden.*) des GG verstoßen dürfen.

231 Vgl. Uwe-Jens Heuer, Michael Schumann: Politik und Justiz in der Auseinandersetzung um die DDR-Geschichte, In: Dies., Lothar Bisky: „Unrechtsstaat"?, a. a. O., S. 29, zitiert nach Torsten Krauel: ohne Titel, In: Rheinischer Merkur, Bd. 48, Nr. 44 vom 29. Oktober 1993. Siehe dazu auch die politische Zielstellung im regierungsoffiziellen Protokoll auf dem ersten Forum des Bundesjustizministers am 09. Juli 1991 in Bonn unter dem Titel „40 Jahre SED-Unrecht – eine Herausforderung für den Rechtsstaat", Referat von Klaus Kinkel, In: 40 Jahre SED-Unrecht. Eine Herausforderung für den Rechtsstaat, Sonderheft der Zeitschrift für Gesetzgebung, 1991, S. 6, siehe Fn. 210.

seit Anbeginn auch das, wessen sich die Bundesrepublik stets rühmte: das Grundgesetz. Nur konnte es dort bisweilen nicht angewandt werden.[232]

In diesen zentralen Aspekten der juristischen wie ökonomischen DDR-Diskursen wirkten sich die vorhandenen moralischen Einstellungen auf der politischen Ebene nicht gerade von Vorteil aus. Auch dagegen regte sich gesellschaftlicher Widerstand in der Auseinandersetzung mit der DDR. Hierbei unterschieden sich die deutschen Ansichten konträr. Zu diesen vorhandenen Einstellungen gehören aus westdeutscher Sicht, insbesondere aus Teilen der politischen als auch juristischen Gesellschaftsschicht, vor allem die Ablehnung des Versuches, ein sozialistisches System zu etablieren und jene, die aktiv an diesem System mitwirkten dafür zur Rechenschaft zu ziehen.

Doch auch weitere Vorwürfe wurden eingebracht. Diese richteten sich besonders gegen die nicht vorhandene und funktionierende Justiz und das jene, die dort herrschte, eine Terrorjustiz sei sowie gegen die Macht der Staatssicherheit und dessen Benutzung als Machtinstrument durch das DDR-Regime. Auch die ‚Einsperrung' der Menschen durch den Mauerbau 1961 wurde vorwurfsvoll gesehen. Bedenklich erscheint hierbei, dass die Grenze zwischen Voreingenommenheit und Abneigung sowie die spezielle deutsche Historie kaum berücksichtigt wurde, nicht immer gewahrt blieb und sich mitunter zu ‚Hasskampagnen' entwickelten, die sich politisch gegen die PDS als Nachfolgepartei der SED im Bundestag wie auch gegen das einstige System der DDR richteten.[233] Die westdeutschen Bestrebungen, die DDR zu reduzieren auf Sozialismus gleich Parteidiktatur, Sozialismus gleich Entmündigung der Gesellschaft und Sozialismus gleich Verstaatlichung der Produktionsmittel mündeten damit zugleich in dem Bemühen der CDU und DSU, die DDR nur einseitig mit 40 Jahren Misswirtschaft und des Terminus politicus *Unrechtsstaates* zu erfassen[234], um ihre Intention von der Delegi-

232 Vgl. Uwe-Jens Heuer, Michael Schumann: Politik und Justiz in der Auseinandersetzung um die DDR-Geschichte, In: Dies., Lothar Bisky: „Unrechtsstaat"?, a.a.O., S. 29, siehe Fn. 208.

233 Uwe-Jens Heuer, Gerhard Riege: Der Rechtsstaat – eine Legende?, a.a.O., S. 53 f, siehe Fn. 207.

234 Ebd., S. 54.

timierung als auch ihre historische Deutungshoheit über die DDR als die einzig gültige durchzusetzen.

Hingegen wendete sich aus ostdeutscher Sicht im Spätherbst 1989 der Focus in den DDR-Diskursen immer mehr auf das Ministerium für Staatssicherheit. Da sich nach und nach erst der Umfang und dessen Funktion dieses Ministeriums den Bürgern der DDR auftaten, war der Groll ihm gegenüber immens und es sollte als Schuldiger sui generis dienen. Bei der Bewertung des MfS-Systems fand eine historische Sicht keine hinreichende Berücksichtigung, da durch die zunehmende Erkenntnis über das MfS die Emotionen überwiegten, sodass eine sachliche Auseinandersetzung kaum möglich war. Denn weder gab es eine demokratische Kontrolle dieses Ministeriums, noch wurde im Hintergrund der Kalte Krieg mitbedacht, der zugleich auch ein Kalter Krieg mehrerer Geheimdienste war. „Der Wunsch wurde laut, den gesamten Bereich des Ministeriums für Staatssicherheit zur verbrecherischen Organisation zu erklären“.[235]

Zudem waren die politischen Diskurse um die eigene MfS-Vergangenheit der ehemaligen Abgeordneten der DDR in diesem Kontext nicht gerade konstruktiv. Wenngleich auch die politisch wohlwollende Absicht vorhanden war, dass die Bürger wissen sollten, ob jene Abgeordneten irgendwann von der Vergangenheit eingeholt werden können oder in Zukunft somit angreifbar würden, trug diese Absicht nicht gerade zur neuen demokratisch-politischen Aufarbeitung der DDR bei.[236] Vielmehr diente diese Argumentation besonders den politischen Gegnern, die auch darin bestrebt waren, die DDR auf die Staatsicherheit zu reduzieren, um sowohl an ihrer These vom als auch an dem Terminus politicus *Unrechtsstaat DDR* festzuhalten.

In der Betrachtung mit der Thematik der DDR stellten sich diese Aspekte in der Wahrnehmung der ehemaligen DDR-Bürger als problematisch heraus. War dieses doch nicht nur ein politisches oder gar historisches, sondern vor allem auch ein rechtliches Problem. Denn die Regierung der DDR zwischen Herbst 1989 bis Herbst 1990 führte keine Verfassungs-Reform mehr durch, konnte nicht oder wollte dies auch nicht, um der historischen

235 Uwe-Jens Heuer, Gerhard Riege: Der Rechtsstaat – eine Legende?, a. a. O., S. 57.

236 Ebd., S. 57.

Chance einer deutschen Einheit nicht entgegen zu treten, wenngleich auch die deutsche Einheit nicht das ursprüngliche Ziel der DDR-Reformforderungen im Herbst 1989 war.[237] Allerdings wurden dabei Fragen der Wiedergutmachung im Sinne der Rechtsverluste[238] oder der Entschädigung bei begangenen *„Unrecht"* nicht tangiert oder blieben vorerst ungeklärt, sodass zu der hervorgebrachten Argumentation des *Unrechtsstaates* eine Entkräftung seitens der Bürger der DDR in ihrem Bestreben nicht die Wirkung erzielte, die sie beabsichtigten. Zudem verringerten sich die politischen, juristischen wie finanziellen Spielräume des noch bestehenden Staates zunehmend, um zu einer Wiedergutmachung beitragen zu können. Hierbei sind insbesondere die Fragen, die die Rechtssicherheit bezüglich der Sachwerte wie Immobilien der DDR betrafen nicht beachtet worden. Wenn auch in diesem Gesetz über die Regelung offener Vermögensfragen vom 15. Juni 1990 das fortgeltende Recht der DDR aufgeführt wurde, fand eine Beratung darüber nur im Bonner Bundestag und nicht in der Volkskammer statt. Die Entscheidungshoheit über das Grund- und Immobilienvermögen der DDR wurde ohne hinreichende Berücksichtigung der ostdeutschen Bevölkerung selber getroffen. Somit stand ein nach DDR-Recht erworbener Immobilienbesitz zur Disposition. Diese getroffene Eigentums-Regelung „Rückgabe vor Entschädigung" führte zu neuen bundesrepublikanischen Ungerechtigkeiten.[239]

---

237 Vgl. dazu Uwe-Jens Heuer, Gerhard Riege: Der Rechtsstaat – eine Legende?, a.a.O., S. 25–51.

238 Darunter sind vorrangig rechtsstaatswidrige Urteile zu verstehen, die nach geltendem DDR-Recht ausgesprochen und die nach 1989 als ‚Staatsunrecht' gesehen wurden. In diesem Kontext steht auch das Rehabilitierungsgesetz der DDR vom 06. September 1990. Das Gesetz sah die Rehabilitierung solcher Personen vor, die wegen einer Handlung strafrechtlich belangt worden waren, mit der sie verfassungsmäßig garantierte Grundrechte wahrgenommen hatten. Rehabilitiert werden sollten unter ähnlichen Voraussetzungen auch Opfer verwaltungsrechtlichen und beruflichen *Unrechts*. Weitere Regelungen zur Wiedergutmachung von politisch motivierten Strafverfolgungsmaßnahmen in der ehemaligen DDR wurden in das Verwaltungsrechtliche Rehabilitierungsgesetz (VwRehaG) und in das Berufliche Rehabilitierungsgesetz (BerRehaG) mit aufgenommen.

239 Vgl. Uwe-Jens Heuer, Gerhard Riege: Der Rechtsstaat – eine Legende?, a.a.O., S. 69 f. sowie Ders.: Im Streit. Ein Jurist in zwei deutschen Staaten,

Im Ergebnis betrachtend lässt sich der gesellschaftliche Widerstand der Bürger der DDR gegen die Deutungshoheit des *Unrechtsstaates DDR* an folgenden Aspekten festmachen: Zum einen erwies sich die rechtliche Gleichstellung im Einigungsvertrag der DDR-Bürger gegenüber den Bundesbürgern als mangelhaft. Mangelhaft insofern, als dass vor allem in Bezug auf die Eigentumsfrage diese nicht genügend Beachtung fand. Dazu gehörten insbesondere die Rückgabeansprüche bei a) entschädigungslos enteigneten Grundstücken, b) bei den Grundstücken, bei denen eine geringere als die gesetzlich vorgeschriebene Entschädigung gezahlt worden war sowie c) bei Grundstücken ‚halbstaatlicher' Betriebe, die 1972 mittels Ministerratsbeschlusses in Volkseigentum übergegangen waren als auch Grundstücke, die der Eigentümer (unter anderem wegen Überschuldung) aufgab und somit ein Übergang ins Volkseigentum erfolgte. Aber auch die Bezeichnung der DDR als „SED-Unrechts-Regime" im Einigungsvertrag erwies sich als unzureichend. Zum anderen wurden die Bestrebungen, die politischen Ziele einer Delegitimierung der DDR als *Unrechtsstaat* mit juristischen Mitteln durchzusetzen, als „politische Justiz" empfunden. Hierbei fand keine hinreichende Kontrastierung, sondern vielmehr eine Generalisierung statt, indem die DDR-Rechtsstaatlichkeit an dem altbundesrepublikanischen Rechtsstaat gemessen und vor allem aus dessen Sicht gesehen wurde und teilweise noch gesehen wird. Aber auch der Versuch, begangenes „*Unrecht*" der DDR am Recht der DDR zu messen, konnte nicht gelingen, da zumindest in Bezug auf das Strafrecht dies sowohl das Grundgesetz als auch der Einigungsvertrag in weiten Bereichen ausschließt.[240] Dabei sahen

---

Baden-Baden 2002, S. 215–224. Siehe dazu die Gemeinsame Erklärung der Regierungen der BRD und der DDR zur Regelung offener Vermögensfragen vom 15. Juni 1990, insbesondere Art. 3. Diese Regelung wurde als Bestandteil des Einigungsvertrages zwischen der BRD und der DDR vom 31. August 1990 im Art. 41 aufgenommen. Die Formel „Rückgabe vor Entschädigung" kam aus der FDP.

Die Bilanz über das Grund- und Immobilienvermögen der ehemaligen DDR stellte sich wie folgt heraus: ca. 85 % des von der Treuhand verwalteten Vermögens in Ostdeutschland befanden sich in westdeutscher, ca. 10 % in ausländischer und ca. 5 % in ostdeutscher Hand. Vgl. dazu Wolfgang Richter (Hrsg.): Unfrieden in Deutschland. Enteignung der Ostdeutschen, Weissbuch, Bd. 6, Berlin 1999, S. 11.

240 Siehe dazu Fn. 220.

nur wenige der ehemaligen Bürger der DDR, dass das eigentlich begangene *„Unrecht"* der DDR nicht in dem nichtvorhandenen Rechtsstaat lag, sondern in der Gründung dieses sozialistischen Staates.

5.2 DDR Reflexion aus bundespolitischer Sicht

Zu einer weiteren Sicht zwischen der geschichts- und der erinnerungspolitischen DDR-Vergangenheit gehören die Auseinandersetzungen auf der bundespolitischen Ebene. Dabei stehen vor allem die Fragen nach der DDR-Erinnerung mit ihrem Bezug zum *Unrechtsstaat DDR* sowie deren zukünftige wie historische Deutungshoheit über diese im Focus. Aufgrund der Komplexität – unterschiedliche Gruppen wie Parteien, Opferverbände oder ehemalige Bürgerrechtler haben ein Interesse an der Geschichte, insbesondere an ihrer Vergangenheit – soll diese Auseinandersetzung im Folgenden anhand der beiden Enquete-Kommissionen aufgezeigt werden.

Auffälligerweise tragen die Geschichtsnarrative der gerade zum Gedenkjahr 2009 erschienenen Publikationen[241] in diesem Kontext wenig bis kaum dazu bei, einerseits den strittigen politischen als auch wissenschaftlichen ausgetragenen Kampf um das öffentliche Erinnern hinreichend darzustellen. Andererseits zeigen sie nicht entsprechend auf, dass die Diktaturaufarbeitung seit dem vereinten Transformationsprozess nach 1989 im Ergebnis weder so kohärent verlief noch seit Beginn des DDR-Diskurses ein historisch- wie erinnerungspolitischer Konsens überwog. Vielmehr knüpfen sie an die bisherigen Erinnerungskonstruktionen im kulturellen Gedächtnis an, um im Fahrwasser der politischen Relevanz und Instrumentalisierung (und

---

241 Vgl. Andreas Rödder: Deutschland einig Vaterland, München 2009; Arnd Brummer (Hrsg.): Vom Gebet zur Demo, Frankfurt a.M. 2009; Christian Führer: Und wir sind dabei gewesen, Berlin 2009; Edgar Wolfrum: Die Mauer. Geschichte einer Teilung, München 2009; Ehrhard Neubert: Unsere Revolution. Die Geschichte der Jahre 1989/1990, München 2009; Günter Schabowski: Wir haben fast alles falsch gemacht. Die letzten Tage der DDR, Berlin 2009; György Dalos: Der Vorhang geht auf. Das Ende der Diktaturen in Osteuropa, München 2009; Ilko-Sascha Kowalczuk: Endspiel. Die Revolution von 1989 in der DDR, München 2009; Jan Schönfelder (Hrsg.): Das Wunder der Friedlichen Revolution, Leipzig 2009; Michael Richter: Die Friedliche Revolution. Aufbruch zur Demokratie in Sachsen, Göttingen 2009; Wolfgang Huber: Die Mauer ist weg, Frankfurt a.M. 2009.

nicht im wissenschafts-historischen Sinne) die konkurrierenden Vergangenheiten des Diktaturenvergleichs festzuschreiben. Kritisch bleibt daher zu fragen, ob diese dargestellte historische Gegebenheit mit der Wirklichkeit unmittelbar so konform ging?

Tatsächlich war aus bundespolitischer Sicht die Auffassung über eine ‚umfassende' Aufarbeitung der DDR-Vergangenheit sowie dessen Geschichts- und Erinnerungspolitik im Zuge der Transformation 1989/90 so nicht gegeben. Dessen musste sich erst die neue Bundesrepublik bewusst werden. Zwar waren bereits 1990 erste Tendenzen für eine Aufarbeitung vorhanden, aber zunächst war die Frage der Legitimation darüber unklar. Dies änderte sich erst mit der Zeit und in den folgenden Jahren, die geprägt waren von heftigen emotional-moralischen sowie politisch-öffentlich geführten Debatten. Anfänglich erschien es vor allem darum zu gehen, neue „Gründungsmythen" zu suchen und nicht nur die Demontage von sozialistischen Symbolen oder Straßenumbenennungen, sondern auch die geschichtspolitische Demontage des DDR-Regimes voranzutreiben, um die Politik des Kalten Krieges, aus der heraus auch speziell diese deutsche Geschichte entstand, zeitnah abschließen zu können. Zu diesen neuen „Gründungsmythen" der deutschen Einheit gehörten den Juniaufstand 1953 zu einem Omen für den 9. November 1989[242] umzudeuten, die einseitige subjektive Darstellung des Herbstes 1989, indem die „Abstimmung mit den Füßen" als Option für die „deutsche Einheit" gesehen wurde, ebenso zu etablieren wie die triumphalen Mythenbildungen der Bürgerbewegungen wie Oppositionsgruppen.[243] Diese Intentionen entsprachen aus bundespolitischer Sicht bis 1992 auch dem Wunsch nach einer zügigen Bundesrepublikanisierung der Bürger der DDR, ungeachtet der DDR-Vergangenheit. Eine

---

242 Vgl. Edgar Wolfrum: Geschichtspolitik in der Bundesrepublik Deutschlands. Der Weg zur bundesrepublikanischen Erinnerung 1948–1990, Darmstadt 1999, zugl. Habil. Schrift TU Darmstadt 1999, S. 356.

243 In diesem Kontext steht auch das Problem, die DDR vom Ende her zu interpretieren und weniger die Faktizität, dass die deutsche Einheit zunächst nicht das Ziel der DDR-Reformbewegungen 1989 war, worauf später noch eingegangen wird. Vgl. Timothy Garton Ash: Zehn Jahre danach, In: Transit, Europäische Revue 18, 1999/2000, S. 5 ff. sowie Detlef Pollack: Was ist aus den Bürgerbewegungen und Oppositionsgruppen der DDR geworden?, In: ApuZ 40–41 (1995), S. 34 ff.

Sichtverschiebung hin zu geschichts- und erinnerungspolitischen Aspekten und weg von dem bis hierhin gesehenen vergangenheitspolitischen Aspekt löste vor allem die Debatte um den „Fall Stolpe“[244] 1992 aus, der zugleich

244 Manfred Stolpe musste nicht wie die Ministerpräsidenten bspw. in Thüringen (Josef Duchac) und Sachsen-Anhalt (Gerd Gies) von seinem Amt zurück treten. Auch die Evangelische Kirche Berlin-Brandenburg und ihre Kirchenleitung, die zu über drei Vierteln aus SPD-Mitgliedern bestanden, waren an Vergangenheitsaufarbeitung nicht interessiert. Hierbei wäre es dann nicht mehr nur um Manfred Stolpe gegangen, sodass ein Klima der Verklärung und Relativierung der zu DDR-Zeiten einfachsten Sachverhalte entstand. Stolpes Gegenwehr führte soweit, dass im Oktober 2005 das Bundesverfassungsgericht (Az: 1 BvR 1696/98) im Rahmen einer Aufhebung das Urteil des Bundesgerichtshofs aus dem Jahre 1998 aufhob und entschied, dass eine Bezeichnung Stolpes als ehemaliger Stasi-Mitarbeiter oder „Inoffizieller Mitarbeiter“ nicht zulässig sei. Die umgehenden Einwände der Stasi-Unterlagenbehörde verwiesen darauf, dass sich das Urteil lediglich auf „eine Äußerung im politischen Meinungsstreit“ beziehe und dass Stolpe – wie in einem Gutachten aus dem Jahre 1992 festgestellt wurde – unabhängig von der Tatsache, ob er je als Mitarbeiter rekrutiert worden sei, als IM „Sekretär“ und über 20 Jahre hinweg als „ein wichtiger IM im Bereich der evangelischen Kirche der DDR“ in den Akten der Staatssicherheit geführt worden sei. Spätere Aktenfunde, zuletzt 2003, hätten diese Bewertung weiter untermauert. Nach seiner eigenen Aussage hat Manfred Stolpe wissentlich niemandem durch seine Kontakte zur Stasi geschadet. Das Gutachten für die Enquetekommission des Brandenburger Landtages konstatierte 2011, dass Stolpe ein wichtiger Inoffizieller Mitarbeiter (IM) der DDR-Staatssicherheit gewesen sei und ebenso wie etwa ein Dutzend Landtagsabgeordnete im ersten Landtag nach 1990 sein Mandat hätte verlieren müssen. Bis zum Jahre 2009 und 7 Jahre nach dem freiwilligen Rücktritts Stolpes (2002) waren (und sind teilweise noch) nach wie vor Seilschaften vorhanden, die machtvoll genug waren und die Einsetzung eines ‚Stasi-Beauftragten‘ im Land Brandenburg vehement unterbinden konnten. In anderen ostdeutschen Bundesländern konnte ein Neubeginn durch westdeutsche Politiker wie Kurt Biedenkopf oder Bernhard Vogel gesteuert werden. Es wird nicht allein an diesen erfahrenen Demokratie-Politikern gelegen haben, dass bspw. Sachsen oder Thüringen weniger vergangenheitsbefangen wirken als Brandenburg. Vgl. Gutachten für die Enquete-Kommission „Aufarbeitung der Geschichte und Bewältigung von Folgen der SED-Diktatur und des Übergangs in einen demokratischen Rechtsstaat im Land Brandenburg“ (EK 5/1). Themenbereich III – Personalpolitik – zwischen Kontinuität und Elitenaustausch. „Personelle Kontinuität und Elitenwandel in Landtag, Landesregierung und -verwaltung des Landes Brandenburg“, Auftraggeber: Landtag Brandenburg, Enquete-Kommission „Aufarbeitung der Geschichte und Bewältigung von Folgen

auch als Wendepunkt betrachtet wurde. Während die Stasi-Aktivitäten Manfreds Stolpes als zu geringfügig sowie unbedeutend dargestellt und die IM-Verdachtsmomente heruntergespielt wurden, rief dies eine allgemeine Kritik an der medialen Berichterstattung hervor, die somit eine dezidierte Auseinandersetzung mit der DDR unterbänden und zur erneuten Teilung zwischen Ost- und Westdeutschen beitrügen. Langfristig kamen aber an einer derartigen konstruktiven und justiziellen Auseinandersetzung Zweifel auf, sodass die DDR-Aufarbeitung deutlich an ihrer Glaubwürdigkeit verlor. Bedenklich erschien hierbei, dass früh Stimmen laut wurden, die sich für ein Ende der DDR-Aufarbeitung im Sinne von Schlussstrich-Postulate nicht nur parteiübergreifend sondern auch außerparlamentarisch dazu äußerten.[245] Dabei spielten vor allem die moralisierenden und emotional geführten Darstellungsweisen im Kontext der Auseinandersetzung ab 1990 von Opferverbänden wie den ehemaligen SBZ/DDR-Inhaftierten und von Interessengruppen wie den DDR-Oppositionellen eine maßgebliche Rolle, wie dies Frieso Wielenga nachwies. Doch auch in der Omnipräsenz der

---

der SED-Diktatur und des Übergangs in einen demokratischen Rechtsstaat im Land Brandenburg", Gutachter: Gisela Rüdiger, Potsdam; Dr. Hanns-Christian Catenhusen, Berlin; Potsdam, den 1. Juni 2011, insbesondere S. 81, 96 f., 114–116 sowie Politikwissenschaftliches Gutachten zum Thema: Schlüsselentscheidungen und Entwicklungspfade der politischen Transformation und Entwicklung in Brandenburg im Vergleich zu den anderen neuen Ländern für die Enquete-Kommission 5/1 „Aufarbeitung der Geschichte und Bewältigung von Folgen der SED-Diktatur und des Übergangs in einen demokratischen Rechtsstaat im Land Brandenburg" des Landtages Brandenburg, Gutachter: Prof. Dr. Astrid Lorenz, Universität Leipzig; Prof. Dr. Andreas Anter, Universität Leipzig; Prof. Dr. Werner Reutter, FU Berlin; Potsdam, den 5. November 2012, insbesondere S. 56–62. Beide Gutachten im Besitz des Verfassers. Siehe zum „Fall Stolpe" Günter Nooke: Aufklärung und Verklärung, In: Christian Striefelder, Wolfgang Templin (Hrsg.): Die Wiederkehr des Sozialismus. Die andere Seite der Wiedervereinigung, Berlin 1996, S. 67–93, insbesondere S. 80 ff.

245 In diesem Kontext wurde Aufarbeitung als Beeinträchtigung der Gegenwarts- wie Zukunftsgestaltung empfunden. Vgl. Karl-Wilhelm Fricke: Stasi-Erbe und Vergangenheitsbewältigung, In: DA 2/1992, S. 113–114 sowie Frieso Wielenga: Schatten der deutschen Geschichte. Der Umgang mit dem Nationalsozialismus und der DDR-Vergangenheit in der Bundesrepublik Deutschland, In: DA 10/1994, S. 1058–1073, hier S. 1071 ff.

‚Schreckens-Enthüllungen' und deren mediale schwarz-weiß Schilderung, die ebenso dazu beitrugen, konstatiert Wielenga als einen weiteren wichtigen Grund an, wenn er schreibt:

> *„Was sich nach 1945 im Umgang mit der nationalsozialistischen Vergangenheit in Phasen nacheinander vollzog, spielte sich nun alles zugleich und in großer emotionaler Heftigkeit ab".*[246]

Auffallend sind hierbei die Unnachgiebigkeit und ihre auf DDR-Staatssicherheit sowie den Herrschaftsapparat beschränkenden Aspekte der Aufarbeitung, die vornehmlich im Interesse konservativer Wissenschaftler wie Politiker lagen. Hinzu kam die Renaissance totalitarismustheoretischer Sichtweisen, die in der Gründung des Hannah-Arendt-Instituts für Totalitarismusforschung (HAIT) mündete und die SBZ/DDR-Geschichtsaufarbeitung mit der Totalitarismusforschung verbinden sollte.[247]

Sowohl die politische Entscheidung für als auch die Gründung des Institutes rief heftige Gegenreaktionen hervor, insbesondere bei den Bürgerinitiativen, die ihre Aufarbeitung zur DDR-Vergangenheit essenziell gefährdet sahen. Gefährdet insofern, dass die Defizite an Personal, Kapazitäten sowie Finanzen eine Bildungs- und Ausstellungsarbeit nach wissenschaftlichen Standards nicht hinreichend zuließen. Im Ergebnis dessen führten diese Diskurse dazu, dass ein Umdenken in der Erinnerungs- und Geschichtspolitik auf Bundesebene erreicht wurde. Dabei standen die Fragen nach der wissenschaftlichen als auch politischen Evaluierung des DDR-Systems im engen Kontext mit dem neuen Staatsverständnis, der Neuorientierung

246 Frieso Wielenga: Schatten der deutschen Geschichte, a. a. O., S. 1064.

247 Während das „Institut für Totalitarismusforschung" die SBZ/DDR-Aufarbeitung mit der Totalitarismusforschung verbinden und die Hauptaufgabe im Systemvergleich zwischen NS-Kommunismus liegen sollte, rief gerade diese Bestrebung heftige Kritik hervor, indem insistiert wurde, dass hier einseitige Affinitäten erzeugt werden. Gegen eine solche Deutungssicht der Verharmlosungs-, Nivellierungs- und Relativierungsstrategie regte sich vor allem Widerstand linker Wissenschaftler sowie NS-Opfer-Vertreter. Ungeachtet dessen begann das Institut im März 1992 seine Arbeit. Vgl. Klaus Wallbaum: Wissenschaftler streiten über die Erforschung der SED-Diktatur, In: Hannoversche Allgemeine Zeitung vom 30. September 1991; Katja Leyrer: Nicht unsere Sache, In: Konkret, Nr. 12, 1992; Matthias Bäumel: Diktaturen erzeugen seit jeher Anpassung und Widerstand, In: Dresdner Neueste Nachrichten vom 19. März 1992.

Gesamtdeutschlands und des öffentlichen Umgangs mit der dreifachen Zeitgeschichte.[248] Auf der anderen Seite standen zugleich auch die Fragen des nachhaltigen Umgangs mit dem Erbe der DDR, um die Darstellung von 1989 mit ihrer Deutungshoheit über die DDR-Vergangenheit sowie der Erinnerungsform.[249]

Da sich die Aufarbeitung der DDR-Vergangenheit nicht so einfach und schnell bewältigen ließ wie erhofft und sich als wesentlich komplexer heraus stellte, führte dies zu neuen Herangehensweisen, die eine qualitativ verbesserte Auseinandersetzung mit der DDR-Vergangenheit bieten sollten. Hierbei lagen die Bestrebungen vor allem darin, keine weitere Enthüllungshistorie mit ihrer medialen wie emotionalen Polarisierung sowie keine weitere Deutung der SBZ/DDR-Vergangenheit unter der Prämisse totalitarismustheoretischer Konzepte zu betreiben. Um eine solidere Basis und ein tieferes Verständnis in der Geschichtsaufarbeitung zu erreichen, wurde der Schwerpunkt nunmehr auf die Vermittlung einer umfangreicheren Thematisierung der DDR-Geschichte gelegt.

Zugleich bedeutete dies auch die Frage nach dem Umgang verbunden mit der Verantwortung darüber und ihre künftige wie finanzielle Konsolidierung. Für die Umsetzung dieses Vorhabens wurden fünf geschichtspolitische Instrumentarien gewählt, die nach und nach verwirklicht wurden. Hierzu zählen neben der beiden Enquete-Kommissionen des Deutschen

---

248 Der Begriff entstammt von Bernd Faulenbach. Sein Verständnis von dreifacher Zeitgeschichte, dass er versuchte aufzuzeigen, sind die des Nationalsozialismus, der DDR und der Alt-BRD. Für ihn zwingt die ‚Wende' zu einer historisch-wissenschaftlichen, einer geschichtskulturellen und zu einer erinnerungs- wie geschichtspolitischen Aufarbeitung mit diesen drei Vergangenheiten. Vgl. Bernd Faulenbach: Die doppelte „Vergangenheitsbewältigung". Nationalsozialismus und Stalinismus als Herausforderung zeithistorischer Forschung und politischer Kultur, In: Jürgen Danyel (Hrsg.): Die geteilte Vergangenheit. Zum Umgang mit Nationalsozialismus und Widerstand in beiden deutschen Staaten, Berlin 1995, S. 107.

249 Vgl. Carola S. Rudnick: Die andere Hälfte der Erinnerung, a.a.O., S. 39, siehe Fn. 16 sowie Lothar Probst: Deutsche Vergangenheiten – Deutschlands Zukunft. Eine Diagnose intellektueller Kontroversen nach der Wiedervereinigung, In: DA 2/1994, S. 174 und Timothy Garton Ash: Zehn Jahre danach, a.a.O., S. 10, siehe Fn. 243.

Bundestages (1992–1994,1995–1998)[250] auch die Konstituierung einer Stiftung zur Aufarbeitung der SED-Diktatur (1998), als Ergebnis aus dieser Kommissionsarbeit, die Schaffung des Geschichtsverbundes SED-Diktatur (2006) sowie die Etablierung von Denkmälern mit ihren unterschiedlichen Gedenkstättenkonzeptionen (1994,1999,2008). Problematisch an diesen geschichtspolitischen Instrumentarien war ihre Doppelfunktion, die nicht für die Diskurse der doppelten Vergangenheitsaufarbeitung[251] im ersten Nachwendejahrzehnt standen. Vielmehr wurden sie zu Orten geschichtspolitischer Diskurse mit der Deutungshoheit über den Umgang mit der DDR-Vergangenheit und bezogen sich zum größten Teil auf Gedenkstätten der neuen Bundesländer sowie des Landes Berlin, da diese sowohl im besonderen Maße als auch im Prestige von gesamtstaatlicher Bedeutung waren. Zum anderen sollten diese geschichtspolitischen Instrumentarien dazu genutzt werden, die (bundesrepublikanischen) geschichtspolitischen Interessen über die DDR durchzusetzen und auf Dauer festzulegen.[252]

In der Betrachtung zur Aufarbeitung der DDR-Vergangenheit trugen die beiden Enquete-Kommissionen dazu bei, dass der Aspekt der Vergleichbarkeit dahingehend abgemildert wurde und NS- und DDR-System im Kontext der Vergangenheit vergleichbar seien, ohne gleichgesetzt werden zu können (siehe S. 49 ff.). Auch entschied sich Deutschland als einziges Land, gegenüber den anderen zusammengebrochenen sozialistischen wie kommunistischen Staaten, für den Weg einer Wahrheitskommission.[253]

---

250 „Aufarbeitung von Geschichte und Folgen der SED-Diktatur in Deutschland" (1992–1994) und „Überwindung der Folgen der SED-Diktatur im Prozess der deutschen Einheit" (1995–1998).

251 Vgl. Christoph Kleßmann: »Das Problem der doppelten Vergangenheitsbewältigung«, In: Die neue Gesellschaft, Nr. 38, 1991, S. 1099–1105; Klaus-Dieter Henke (Hrsg.): Wann bricht schon mal ein Staat zusammen! Die Debatte über die Stasi-Akten und die DDR-Geschichte auf dem 39. Historikertag 1992, München 1993; Klaus Sühl (Hrsg.): Vergangenheitsbewältigung 1945 und 1989. Ein unmöglicher Vergleich?, Berlin 1994; Frieso Wielenga: Schatten der deutschen Geschichte, a.a.O., S. 1058–1073.

252 Vgl. Carola S. Rudnick: Die andere Hälfte der Erinnerung, a.a.O., S. 40. Für die weitere Betrachtung der im Wandel begriffenen Erinnerungs- wie Geschichtspolitik nach 1992 siehe Dieselbe S. 109–741.

253 Vgl. Timothy Garton Ash: Diktatur und Wahrheit. Die Suche nach Gerechtigkeit und die Politik der Erinnerung, In: Lettre International 40, 1998, S. 10.

Allerdings trugen die beiden Enquete-Kommissionen auch dazu bei, dass auf bundespolitischer Ebene die vollständige Delegitimierung der sozialistischen DDR-Vergangenheit erreicht werden konnte.[254] Während anfänglich noch Bedenken vorhanden waren und um die Legitimation gerungen wurde, wer dieses öffentlich durchführen dürfe, gab es hinsichtlich der Vorgehensweise einen frühen Konsens: nicht geschichtspolitisch, sondern es stand eine Evaluierung im Blickfeld, die nach politischen sowie demokratischen Aspekten und nicht nach einer justiziellen Aufarbeitung durchgeführt werden sollte. Hierbei erscheint die Frage von einem politischen Tribunal aus dieser bundespolitischen Sicht als durchaus legitim[255], wenn die Vertreter dieser Tribunals-Idee mit ihren unterschiedlichen Vorstellungen die Absichten ihrer jeweiligen Interessengruppen verfolgten. So sprachen sich Joachim Gauck und Friedrich Schorlemmer für ein „gesamtgesellschaftliche[s] Tri-

254 Auf bundespolitischer Ebene liegen hinsichtlich der DDR-Vergangenheit (vorwiegend als Erfahrungsberichte und Kommentare) nur wenige, diese aber zugleich stark abweichenden ‚Bewertungen' im Konnex auf die Erinnerungs- und Geschichtspolitik des Deutschen Bundestages vor. Das Gros dieser Darstellungen weist Defizite nicht nur anhand der fehlenden breiten wissenschaftlichen, sondern speziell auch anhand der mangelnden quellenbasierten Analysen auf. Die 2006 veröffentlichte Dissertation von Jens Schraten, die dieses berücksichtigte und mittels der Materialiensammlungen der beiden Enquete-Kommissionen des deutschen Bundestages die Delegitimierung der sozialistischen DDR-Vergangenheit innerhalb der beiden Enquete-Kommissionen in extenso veranschaulicht, bildet bislang die bzw. eine Ausnahme. Vgl. Jürgen Schraten: Die kollektive Erinnerung von Staatsverbrechen. Eine qualitative Diskursanalyse über die parlamentarische Bewertung der SED-Diktatur, Baden-Baden 2007. Siehe auch Ingrun Drechsler, Bernd Faulenbach, Martin Gutzeit et al.: Getrennte Vergangenheit, gemeinsame Zukunft IV. Das SED-Regime in vergleichender Perspektive und die Bedeutung seiner Aufarbeitung, Bd. 4, München 1997; Ulrich Schneider: Rolle rückwärts – vom politischen Gebrauch der Geschichte, In: Ders., Joh. Klotz (Hrsg.): Die selbstbewusste Nation und ihr Geschichtsbild. Geschichtslegenden der Neuen Rechten – Faschismus. Holocaust. Wehrmacht, Köln 1997; Manfred Wilke: Die deutsche Einheit und die Geschichtspolitik des Deutschen Bundestages, In: DA 4/1997, S. 607–613.

255 Vgl. Petra Bock: Von der Tribunal-Idee zur Enquete-Kommission. Zur Vorgeschichte der Enquete-Kommission des Bundestages „Aufarbeitung von Geschichte und Folgen der SED-Diktatur in Deutschland", In: DA 11/1995, S. 1171–1183.

bunal nach realsozialistischem Vorbild“[256] aus, während Wolfgang Thierse „die Vorstellung eines rein ostdeutschen Tribunals, unter der Führung ostdeutscher Bürgerrechtler [vertrat, um] eine Art Selbstauseinandersetzung der Ostdeutschen zu stimulieren“.[257] Wolfgang Ullmann hingegen forderte ein internationales Tribunal ein, das den „Schwerpunkt auf die justizielle Ahndung von Staatskriminalität“[258] lege. Diese politischen Appelle ehemaliger ostdeutscher Bürgerrechtler riefen heftige Gegenreaktionen hervor und endeten erst mit dem Intervenieren des Bundespräsidenten Richard von Weizsäckers im Dezember 1991. Weizsäcker, der sich gegen diese Tribunals-Idee aussprach, verwies vor allem darauf, dass einzig und allein nur die Justiz das Recht zu richten besäße und nicht die Politik.[259] Daraufhin wurde von dieser Ansicht Abstand genommen.[260] Inwiefern hier allerdings auch der Aspekt mit hinein spielte, die Tribunals-Idee deshalb zu verhindern, „da noch ungewiss gewesen sei, welche Enthüllungen aufgrund des StUG erwartet werden mussten“[261], bleibt zunächst offen, kann aber auch nicht ausgeschlossen werden, da die (bundesdeutschen) Akten zur deutsch-deut-

256 Ebd., S. 1172 f.

257 Petra Bock: Von der Tribunal-Idee zur Enquete-Kommission des Bundestages, a. a. O., S. 1173; Günter de Bruyn: ohne Titel, In: Frankfurter Hefte 2/1992, S. 170.

258 Seine Vorstellungen ähneln den heutigen Prozessen des Internationalen Gerichtshofes der UN in Den Haag. Vgl. Wolfgang Ullmann: Königsprozeß oder Nürnberger Tribunal? Die DDR ist nur als ‚Staatskriminalität‘ juristisch zu fassen, In: Freitag vom 13. September 1991 sowie den Aufruf von Friedrich Schorlemmer, Wolfgang Thierse, Wolfgang Ullmann mit Gerd und Ulrich Poppe: Tribunal als Forum der Aufklärung, In: DA 2/1992, S. 222–224.

259 Richard von Weizsäcker: Arbeit an der Vergangenheit als wesentlicher Beitrag zur deutschen Einigung. Ansprache des Bundespräsidenten bei der Verleihung des Heinrich-Heine-Preises der Stadt Düsseldorf am 13. Dezember 1991, In: Bulletin der Bundesregierung, hrsg. vom Presse- und Informationsamt, Nr. 143 vom 17. Dezember 1991.

260 Vgl. Petra Bock: Von der Tribunal-Idee zur Enquete-Kommission des Bundestages, a. a. O., S. 1175. Siehe dazu auch die ausführliche Darstellung der unterschiedlich und kontrovers geführten Positionen bei Albrecht Schönherr (Hrsg.): Ein Volk am Pranger? Die Deutschen auf der Suche nach einer neuen politischen Kultur, Berlin 1991.

261 Vgl. Carola S. Rudnick: Die andere Hälfte der Erinnerung, a. a. O., S. 49. StUG = Das Stasi-Unterlagen-Gesetz (Langtitel: *Gesetz über die Unterlagen des Staatssicherheitsdienstes der ehemaligen Deutschen Demokrati-*

schen Geschichte auch im Kontext der DDR-Aufarbeitung nach wie vor der 30-jährigen Sperrfrist unterliegen.

Sonach entwickelte sich aus dem anfänglichen Tribunals-Vorhaben heraus die Idee einer Enquete-Kommission, die schnell viele politische Fürsprecher besaß. Zu ihnen gehörten unter anderem Rainer Eppelmann, Martin Gutzeit, Angelika Barbe sowie Markus Meckel, der zusammen mit Barbe schon früh den Vorschlag öffentlich einbrachte, dass einer Reduzierung bei der DDR-Auseinandersetzung auf die Staatssicherheit nur entgangen werden könne, wenn gleichzeitig die gesamte Vergangenheit der DDR untersucht und dargestellt werden würde. Demnach sei nur der Bundestag als höchste politische Institution dazu im Stande, eine Aufarbeitung der Geschichte der DDR hinreichend zu gewährleisten. Ferner sollte die Enquete-Kommission zum gesamtgesellschaftlichen Aufklärungsprozess ebenso beitragen wie sie auf der anderen Seite als Vorlage dafür dienen sollte, dass mit ihrer Hilfe

> *„konkrete politische Vorbereitungen für gesetzgeberische Maßnahmen getroffen werden, um eine Aufarbeitung der DDR auch über die Enquete-Kommission hinaus, zukünftig und langfristig sicherzustellen"*.[262]

Meckels Idee traf durchaus den richtigen Zeitpunkt (Dezember 1991) in dieser Debatte und entsprach im Allgemeinen dessen, was sich die ehemaligen ostdeutschen Bürgerrechtler davon erhofften: mit diesem gesamtgesellschaftlichen Auftrag zur Aufarbeitung der DDR-Geschichte nicht allein nur aus moralischen Gründen beizutragen. Bedenklich erschien aber der Umstand, dass es daneben auch um den Nimbus und die Reputation der Bürgerrechtler und der Bürgerbewegung selber ging. Um zur Aufklärung von Mythen, wie der ‚Stasiunterwanderung' im Generellen als auch in den Reihen der Bürgerrechtler im Speziellen, beizutragen, lagen ihre Bestrebungen vor allem darin, zu einer ostdeutschen Politik zurückzukehren, die

---

schen Republik) wurde am 14. November 1991 vom Deutschen Bundestag verabschiedet.

262 Carola S. Rudnick: Die andere Hälfte der Erinnerung, a.a.O., S. 50; Vgl. Markus Meckel: Demokratische Selbstbestimmung als Prozess. Die Aufgabe der Politik bei der Aufarbeitung der DDR-Vergangenheit, In: Ders., Bernd Faulenbach, Hermann Weber (Hrsg.): Die Partei hatte immer recht – Aufarbeitung von Geschichte und Folgen der SED-Diktatur, Essen 1994, S. 250–278, hier S. 259 sowie Gisela Helwig: Aufarbeitung ist Zukunftsgestaltung. Enquete-Kommissionen und Bundesstiftung, In: DA 5/1998, S. 705–708.

bisher durch die Reduzierungen auf den Herrschaftsapparat als auch auf die DDR-Staatssicherheit Schaden nahm. Dabei zeigte sich, dass es den ehemaligen ostdeutschen Bürgerrechtlern vorrangig darum ging, die Verfügungsgewalt über die Geschichte der DDR, die sie durch die politisch-gesellschaftlichen Ereignisse im Herbst 1989 erzielten, für sich in Anspruch zu nehmen. Auch sollte diese Verfügungsgewalt weder der PDS, die immer wieder öffentlich Schlussstrich-Postulate statt Aufarbeitung forderte und idealisierte DDR-Bilder vertrat[263], noch dem Westen zugesprochen werden. Nun sollte beendet werden, was die Bürgerbewegung einst begann.[264] Wie groß dieser Einfluss vor allem auf die verschiedenen Parteien[265] war,

263 Vgl. Angelika Barbe: Schlussstrich oder Auseinandersetzung, In: Markus Meckel, Bernd Faulenbach, Hermann Weber: Die Partei hatte immer recht, a. a. O., S. 129.

264 Frieso Wielenga: Schatten der deutschen Geschichte, a. a. O., S. 1070.

265 Dazu zählen insbesondere die damalige Regierungskoalition CDU/CSU/FDP sowie die Oppositionsparteien SPD, Bündnisgrünen und PDS. Während sich bei den Begrifflichkeiten kaum Differenzierungen zwischen den verschiedenen Parteien ausmachen lassen, sind hinsichtlich der Intentionen, die die Parteien für ihren jeweiligen geschichtspolitischen Background sahen, durchaus Differenzierungen erkennbar. So konnte im Allgemeinen die revisionistische Politik der PDS demontiert werden, die Stellung der ehemaligen ostdeutschen Bürgerrechtler politisch konsolidiert werden, durch alle Parteifraktionen hindurch auch zugleich eine ‚Image-Pflege' vollzogen werden, um gegenüber misslichen Aktenöffnungen sowohl durch die StUG als auch durch ‚Stasi-Enthüllungen' das Parteiansehen aufzuwerten. Die parteipolitische Intention für die CDU/CSU als auch der FDP lag im Antrag selber vor allem in der ‚inneren Einheit' im Kontext mit einer ‚schonungslosen Aufarbeitung' und entsprach somit dem konservativen Duktus der Parteien. Für die SPD waren noch die Sujets der Kirche, Medien, Kultur, Sport und Lebenswirklichkeit wichtig, die sich in ihrem Antrag wieder finden. Zudem fehlten auch nicht die problematischen Darstellungen der Entspannungspolitik sowie der Totalitarismustheorie. Den Bündnisgrünen war daran gelegen, dass ihr Antrag (der sich im groben an dem der SPD orientierte) ein basisdemokratischer ist, der vor allem auch eine außerparlamentarische Aufarbeitung mittels Aufarbeitungsinitiativen vorsah und es keine Gleichsetzung von DDR und SED in der DDR-Aufarbeitung geben solle. Hingegen unterschied sich der PDS-Antrag dahingehend, dass er zweierlei Absichten hegte. Eine positive Aufwertung der Partei durch die Zustimmung zur Beteiligung einer Enquete-Kommission zu bekommen zum einen und eine Aufarbeitung nach den Vorstellungen der anderen Bundestagsparteien nicht ohne Kritik hinzunehmen zum anderen. Vgl. Petra Bock:

offenbaren die jeweiligen Anträge der Parteien zur Konstituierung der Enquete-Kommission. Auffälligerweise beinhalteten fast alle Anträge, ausgenommen der der PDS, zugleich auch dic umstrittene Bezeichnung für die DDR als Unrechtssystem und etablierten damit (im Gegensatz zum NS-System, welches erst nach 34 Jahren in *juristischen* Texten so bezeichnet worden war[266]) früh den Terminus politicus *Unrechtsstaat DDR* in der bundespolitischen Auseinandersetzung.

Die gegen das Vorhaben zur Konstituierung der Enquete-Kommission hervorgebrachten Bedenken der PDS, die bezüglich der politischen Aufarbeitung der DDR-Vergangenheit zugleich auch eine Aufarbeitung der BRD für notwendig erachteten, um somit zu einem interstrukturellen Ver-

---

Von der Tribunal-Idee zur Enquete-Kommission des Bundestages, a. a. O., S. 1178 f. sowie Manfred Wilke: Die deutsche Einheit und die Geschichtspolitik des Bundestages, a. a. O., S. 608 f. Auch macht Wilke darauf aufmerksam, dass die Enquete-Kommission ein politisches Mittel war, um den ‚Stasi-Enthüllungen' entgegen treten zu können. Vgl. Deutscher Bundestag (Hrsg.): Materialien der Enquete-Kommission „Aufarbeitung von Geschichte und Folgen der SED-Diktatur in Deutschland", Baden-Baden 1995, Bd. 1, S. 3–24.

266 Eine der ersten frühen Bezeichnungen des NS-Systems als *Unrechtsstaat* fand im so genannten Remer-Prozess im März 1952 des Braunschweiger Landgerichtsurteils Erwähnung, als der damalige Staatsanwalt Fritz Bauer den Staat Hitlers nicht als Rechtsstaat, sondern als *Unrechtsstaat* bezeichnete. Vgl. dazu Claudia Fröhlich: »Wider die Tabuisierung des Ungehorsams«. Fritz Bauers Widerstandsbegriff und die Aufarbeitung von NS-Verbrechen, Frankfurt a. M. / New York 2006, S. 99, zugl. Univ. Diss. FU Berlin 2004 sowie Johannes Tuchel (Hrsg.): Der vergessene Widerstand. Zu Realgeschichte und Wahrnehmung des Kampfes gegen die NS-Diktatur (= Dachauer Symposien zur Zeitgeschichte; Bd. 5), Göttingen 2005, S. 222 ff.
Die Applizierung des Terminus *Unrechtsstaat*, bezogen auf das NS-System, wurde hingegen erstmals 1979 in rechtswissenschaftlichen Publikationen angewendet. Vgl. dazu Ingo Müller: Die DDR – ein Unrechtsstaat?, In: Neue Justiz 1992, S. 281 ff.; Kritische Justiz (Hrsg.): Der Unrechtsstaat, Frankfurt a. M. 1979; Udo Reifner (Hrsg.): Das Recht des Unrechtsstaats, Frankfurt a. M. / New York 1981 sowie Vereinigung der Deutschen Staatsrechtslehrer (Hrsg.): Der Rechtsstaat und die Aufarbeitung der vor-rechtsstaatlichen Vergangenheit, Berichte und Diskussionen auf der Tagung der Vereinigung der Deutschen Staatsrechtslehrer in Gießen vom 2. bis 5. Oktober 1991. Den Begriff *Unrechtsstaat* verwenden verschiedene Autoren auf den Seiten 16, 99, 114, 118, 135 f., 153 f., 156, 159.

gleich beider deutscher Staaten nach 1945 beitragen zu können[267], scheiterten insbesondere am großen parteipolitischen Konsens einerseits und am moralischen Einfluss ehemaliger ostdeutscher Bürgerrechtler andererseits. Dass hier der PDS Intentionen zugesprochen werden können, einen „DDR-Entlastungsdiskurs“ anzustreben kann nicht ausgeschlossen werden. Aber in Anbetracht der zeitlichen Umstände, die sowohl emotional als auch moralisch (und nicht im wissenschafts-historischen Sinne) dahingehend die DDR diskreditierten, unterblieb hier doch eine Möglichkeit, verschiedene Blickwinkel auf diesen Staat zu berücksichtigen ohne dabei auf einseitige Hervorhebungen zu bestehen und die DDR differenzierter beurteilen zu können. Zudem muss erwähnt werden, dass sich die PDS gegenüber allen anderen Bundestagsparteien die Frage nach der Relevanz für die künftige gesamtdeutsche Historiographie stellte.[268]

Aber auch die anfänglichen Bestrebungen eines tieferen Verständnisses durch die Vermittlung einer breiter gefächerten Thematisierung mit der DDR-Geschichte zu schaffen, kamen fast alle Parteien nicht nach und unterlagen ihrem sich gestellten Vorhaben. Vielmehr wurden sie durch die sukzessive Absicht „mit der Geschichte Politik zu machen“ verdrängt und „während die einen [...] auf eine Stabilisierung der gegenwärtigen Verhältnisse abzielten, stellte die PDS diese in Frage“.[269] Damit waren die Weichen auf bundespolitischer Ebene für die Delegitimierung der DDR in extenso gestellt. Nur die PDS trat einer solchen einseitigen Darstellung entgegen, indem sie auf eine Mäßigung dieser Delegitimierungstrategie zielte. Obwohl sie in ihren Bemühungen immer wieder auf die beiden unterschiedlichen deutschen Vergangenheiten vor 1989 verwies, erlangte sie in der damaligen politischen Debatte wenig Beachtung. Doch nicht nur die Antragsstellungen der einzelnen Parteien zur Konstituierung der Enquete-Kommission waren

267 Siehe dazu die Problematik des interstrukturellen Vergleichs auf S. 59 dieser Arbeit sowie Fn. 117.

268 Vgl. Manfred Wilke: Die deutsche Einheit und die Geschichtspolitik des Bundestages, a. a. O., S. 609 f. sowie Ludwig Elm: Das verordnete Feindbild. Neue deutsche Geschichtsideologie und „antitotalitärer Konsens“, Köln 2001, S. 13.

269 Carola S. Rudnick: Die andere Hälfte der Erinnerung, a. a. O., S. 53; Vgl. Petra Bock: Von der Tribunal-Idee zur Enquete-Kommission des Bundestages, a. a. O., S. 1178 f.

umstritten, sondern auch die Teilnahme an dieser selber. Zunächst sollten aus den Parteien nur Politiker als auch parteinahe Sachverständige in die EK[270] entsendet werden, die über einen Fraktionsstatus verfügten. Dies traf weder auf die PDS noch auf die Bündnisgrünen zu. Die politisch gewollte Aufarbeitung der DDR sollte gezielt ohne die SED-Nachfolgepartei PDS stattfinden. Diese Sicht entsprach in der Mehrheit insbesondere den Regierungsparteien CDU/CSU und FDP, die von dieser Fraktionsklausel erst Abstand nahmen, als sich die SPD für eine Beteiligung der Bündnisgrünen einsetzte. Vor allem auch deswegen, da sich unter ihren Mitgliedern viele ehemalige Oppositionelle und Bürgerrechtler befanden.[271]

In den jeweiligen Aussprachen im Bundestag zur Konstituierung der EK wurde deutlich, dass die EK auch sensible Gebiete der bundesrepublikanischen Parteipolitik berührte. Dabei spielten hauptsächlich Aspekte der kritischen Beurteilung eine wesentliche Rolle, um im Nachhinein ihre durchgeführte Geschichtspolitik zu konsolidieren und die eigene (Deutschland-) Politik der Vorwendezeit zu legitimeren.[272] Wenn auch diese unterschwelligen Dissonanzen und geschichtspolitischen Kämpfe einen Einfluss auf die Arbeit der EK hatten, wurde das Vorhaben zur Einsetzung einer EK am 20. Mai 1992 im Bundestag beschlossen.[273] Das Ziel der EK lag vor allem darin, Handlungsempfehlungen an den Deutschen Bundestag zu geben bezüglich gesetzgeberischer Maßnahmen und des Umgangs mit politischen Initiativen.[274] In und mit der EK sollte weder eine amtliche noch offizielle Geschichtspolitik betrieben werden, sondern dazu beitragen, Sicherheit im Umgang mit der Verantwortung über die DDR-Geschichte zu bekommen.

270 EK = Enquete-Kommission.

271 Carola S. Rudnick: Die andere Hälfte der Erinnerung, a. a. O., S. 54.

272 Vgl. Manfred Wilke: Die deutsche Einheit und die Geschichtspolitik des Bundestages, a. a. O., S. 609 f.

273 Die Zusammensetzung der EK bestand aus 16 Bundestagsabgeordneten (CDU/CSU 7 (14); SPD 5 (10); FDP 2 (4); PDS & Bündnisgrüne je 1 (2)) mit ihren jeweiligen Stellvertretern (insgesamt 32) und 11 parteinahen Sachverständigen. Während das Mitgliederverhältnis bei den Abgeordneten überproportional aus ehemaligen DDR-Bürgern bestand, war dies bei den Sachverständigen umgekehrt. Hier kam die Mehrheit (7 von 11) aus Westdeutschland.

274 Vgl. Markus Meckel, Bernd Faulenbach, Hermann Weber: Die Partei hatte immer recht, a. a. O., S. 259 f.

Auffälligerweise liegen die geschichtspolitischen Schwerpunkte der ersten EK[275] besonders auf den Aspekten des Repressionssystems, der Opposition und des Widerstands als auch der deutsch-deutschen Politik. Anhand dieser Themen lassen sich die delegitimierende Absicht des DDR-*Unrechts*systems, der Deutschlandpolitik der SPD und die Rehabilitation von Opposition und Widerstand erkennen. Andere vor allem gesellschaftliche Aspekte blieben zielgerichtet aus und wurden als zweitrangig betrachtet. Dazu gehörten die Sachgebiete Kultur, Soziales und Wirtschaft.

Im Hinblick auf die Definition der DDR als Diktatur wurde sie an der NS-Diktatur gemessen. Dies war insofern problematisch, als das dadurch die Konservativen Fürsprecher (vornehmlich Eckhard Jesse, Horst Möller, Manfred Kittel) bestrebt waren, die DDR als die totalitärere zu charakterisieren und somit die NS-Diktatur partiell zu relativieren.[276] Mit dieser Gleichsetzung von Kommunismus und Nationalsozialismus bezogen sich die Konservativen Fürsprecher abermals auf die antikommunistischen und

---

275 Vergleiche dazu die Themenfelder: 1.) Machtstrukturen und Entscheidungsmechanismen im SED-Staat und die Frage der Verantwortung; 2.) Rolle und Bedeutung der Ideologie, integrativer Faktoren und disziplinierender Praktiken in Staat und Gesellschaft der DDR; 3.) Recht, Justiz und Polizei im SED-Staat; 4.) Deutschlandpolitik, innerdeutsche Beziehungen und internationale Rahmenbedingungen; 5.) Rolle und Selbstverständnis der Kirchen in den verschiedenen Phasen der SED-Diktatur; 6.) Möglichkeiten und Formen abweichenden und widerständigen Verhaltens und oppositionellen Handelns, die friedliche Revolution im Herbst 1989, die Wiedervereinigung Deutschlands und Fortwirken von Strukturen und Mechanismen der Diktatur; 7.) Das Ministeriums für Staatssicherheit; 8.) Formen und Ziele der Auseinandersetzung mit den beiden Diktaturen in Deutschland, zugleich auch der Schlussbericht. Vgl. Deutscher Bundestag (Hrsg.): Materialien der Enquete-Kommission „Aufarbeitung von Geschichte und Folgen der SED-Diktatur in Deutschland", a.a.O., Bd. 1, S. XI.

276 Vgl. Deutscher Bundestag: Materialien der Enquete-Kommission „Aufarbeitung von Geschichte und Folgen der SED-Diktatur in Deutschland", a.a.O., Bd. 9, S. 574–777 sowie Bernd Faulenbach: Das SED-System in vergleichender Perspektive und die Bedeutung seiner Aufarbeitung, In: Getrennte Vergangenheit, gemeinsame Zukunft IV, a.a.O., S. 83, siehe Fn. 254 und Ludwig Elm: „Zwei Diktaturen" – „zwei totalitäre Regimes", Die Enquete-Kommission des Bundestages und der konservative Geschichtsrevisionismus der neunziger Jahre, In: Johannes Klotz, Ulrich Schneider: Die selbstbewusste Nation und ihr Geschichtsbild, a.a.O., S. 208 ff, siehe Fn. 254.

totalitarismustheoretischen Überlieferungen der 50er und 80er Jahre, „die im Kommunismus den Auslöser des Nationalsozialismus sahen und den Kommunismus als größeres Übel interpretierten".[277] Erneut war die PDS (mit ihrem Sachverständigen Ludwig Elm) bestrebt, jedoch diesmal zusammen mit der SPD und deren nahe stehenden Sachverständigen (u.a. Bernd Faulenbach, Hans Misselwitz, Jürgen Kocka, Rainer Lepsius), dieser einseitigen Darstellung mittels verschiedener Perspektiven entgegen zu treten und sowohl auf eine ausdrückliche Differenzierung zwischen DDR- und NS-System hinzuweisen als auch der permanenten Antikommunismussicht Einhalt zu gebieten.

Damit standen die beiden geschichtspolitischen und zugleich auch geschichtsideologischen Richtungen, die im Vorfeld zur Konstituierung der EK als auch während der Kommissionsarbeit ständig präsent waren, fest: der anti-antifaschistischen, antikommunistischen und totalitarismustheoretischen Auffassung durch die CDU/CSU stand die posttotalitäre, liberale, kommunismuskritische der SPD und der PDS entgegen.[278]

Das diese ideologisch geführte Betrachtung, die die Kommissionsarbeit überschattete, Beanstandungen hervorrief, wird an den kritischen Beurteilungen[279] auch aus den eigenen Reihen der Oppositionsparteien und deren Sachverständiger deutlich. Zu ihnen zählten Bernd Faulenbach, Hermann Weber, Ingrun Drechsler, Ludwig Elm, Markus Meckel, Martin Gutzeit sowie Ulrich Schneider, die sich gemeinsam gegen die einseitig dargestellte und überkommene Geschichtspolitik der CDU/CSU stellten. Aber auch

---

277 Carola S. Rudnick: Die andere Hälfte der Erinnerung, a.a.O., S. 57.

278 Ebd., S. 57; Vgl. Deutscher Bundestag (Hrsg.): Materialien der Enquete-Kommission „Aufarbeitung von Geschichte und Folgen der SED-Diktatur in Deutschland", a.a.O., Bd. 1, S. 178–779. Zum Terminus des ‚posttotalitären' siehe Fn. 121.

279 Vgl. dazu Ingrun Drechsler, Bernd Faulenbach, Martin Gutzeit et al.: Getrennte Vergangenheit, gemeinsame Zukunft IV. Das SED-Regime in vergleichender Perspektive und die Bedeutung seiner Aufarbeitung, Bd. 4, München 1997; Ulrich Schneider: Rolle rückwärts – vom politischen Gebrauch der Geschichte, a.a.O., S. 8–30, siehe Fn. 254 sowie im selben Band Ludwig Elm: „Zwei Diktaturen" – „zwei totalitäre Regimes", Die Enquete-Kommissionen des Bundestages und der konservative Geschichtsrevisionismus der neunziger Jahre, S. 205–220.

diese ‚Gegendarstellungen' sind nicht frei von einer geschichtspolitischen ‚Gegenpolitik', wie dies der einzige Vertreter von der konservativen Seite – Manfred Wilke – konstatierte.[280]

In der Bilanz fällt das Urteil über die Kommissionsarbeit nüchtern aus. Die angestrebten Ziele, die die EK für die Auseinandersetzung mit der DDR-Geschichte hervorbringen sollten, wurden aufgrund des vorherrschenden Parteieninteresses einzelner Politiker unterbunden. Somit konnten vor allem keine klaren Handlungsempfehlungen hervorgebracht werden, konnte keine Anwendung von objektiver Forschung und sachlichen Diskussionen etabliert werden und die Zusammenarbeit mit Aufarbeitungsinitiativen konnte keinen Zuspruch finden. Auch die im Ergebnis der EK gewonnene Feststellung kam zu dem Schluss, dass eine vorläufige Historisierung der Aufarbeitung in Anbetracht der zeitlichen Nähe, der politischen und moralischen Emotionalisierung sowie der Befangenheit Beteiligter somit nicht realisierbar sei.[281] Die geschichtspolitische Auseinandersetzung war auch nach der Kommissionsarbeit auf Bundesebene nicht abgeschlossen. Während eine vehement vertretene Geschichtspolitik überwiegend von der CDU/CSU als auch von der PDS ausgeübt wurde, fand dies nicht minder auch bei den anderen Bundestagsparteien statt. Allerdings waren ihre Sichtweisen etwas anders gelagert. Stand für die SPD eine Versachlichung der Diskussion ohne von der grundlegenden Delegitimierungstrategie abzurücken sowie das Beharren am antitotalitären Konsens im Zentrum, wurde besonders dieses wiederum von der PDS gänzlich in Frage gestellt. Bezüglich des Beharrens am antitotalitären Konsens herrschte zwischen CDU/CSU, SPD, FDP sowie den Bündnisgrünen hierin zumindest Einigkeit und führte dazu, wie Stefan Berger hervorhob,

---

280 Vgl. Manfred Wilke: Die deutsche Einheit und die Geschichtspolitik des Bundestages, a. a. O., S. 607–613 sowie Carola S. Rudnick: Die andere Hälfte der Erinnerung, a. a. O., S. 58.

281 Vgl. Bernd Faulenbach: Bewahrung der Erinnerung. Bedeutung und Probleme der „Aufarbeitung" von Vergangenheit heute, In: Ders., Markus Meckel, Hermann Weber: Die Partei hatte immer recht, a. a. O., S. 21 ff., siehe Fn. 262 sowie die Debatte des Deutschen Bundestages am 17. Juni 1994, In: Deutscher Bundestag: Materialien der Enquete-Kommission „Aufarbeitung von Geschichte und Folgen der SED-Diktatur in Deutschland", a. a. O., Bd. 1, S. 791–874.

„dass sich das Bemühen um einen antitotalitären Konsens im wiedervereinten Deutschland als kontraproduktiv erwies, da man damit gerade diejenigen in der PDS und der DDR vor dem Kopf stieß, die bereit waren, sich vom Kommunismus totalitärer Prägung zu verabschieden“.[282]

Das Bestreben aller Bundestagsparteien lag darin, eine Deutungshoheit über die DDR-Geschichte im gesamtgesellschaftlichen Aufklärungsprozess zu bekommen.

Hierbei spielte der Aspekt der geschichtspolitischen Instrumentalisierung um die DDR-Vergangenheit eine gewichtige Rolle, der innerhalb der ersten EK insbesondere zwischen der CDU/CSU sowie der PDS und außerhalb der EK zwischen der SPD und der PDS stattfand. In der Tat wurde somit die Auseinandersetzung mit der DDR parlamentarisch politisiert.

Wie unbefriedigend diese politische Beschäftigung sowie die Auseinandersetzung mit der DDR anhand der ersten EK war, offenbarten die nach wie vor anhaltenden Debatten um die DDR-Vergangenheit insbesondere bei den jeweiligen Aufarbeitungsinitiativen. Nicht nur blieben die heiklen finanziellen Fragen der anderen erinnerungskulturellen Institutionen[283] ungeklärt, die nicht den expliziten Opferverbänden zugeordnet waren, da hier bereits eine hinreichende oder zumindest vorläufige institutionelle Unterstützung politisch auf den Weg gebracht wurde, sondern auch die anderen Interessengruppen (außer den Opferverbänden) sahen in ihrem Bestreben

282 Stefan Berger: Was bleibt von der Geschichtswissenschaft der DDR? Blick auf eine alternative historische Kultur im Osten Deutschlands, In: Zeitschrift für Geschichtswissenschaft 11/2002, S. 1016–1034, hier S. 1032.

283 Siehe hier beispielsweise die Umwandlung zu (erinnerungskulturellen) Gedenkstätten wie Bautzen II, des Gedenkstätten-Museums der „Runden Ecke“ in Leipzig sowie die Gedenkstätten zur Deutschen Teilung „Berliner Mauer“ (Bernauer Straße) und „Marienborn“. Da für diese erinnerungskulturellen Institutionen bislang eine hinreichende wie finanzielle Absicherung unterblieb, standen diese Aufarbeitungsinitiativen Mitte der 90er Jahre kurz vor ihrem aus. Vgl. dazu Gisela Helwig: Aufarbeitung ist Zukunftsgestaltung. Enquete-Kommissionen und Bundesstiftung, a. a. O., S. 705–708, siehe Fn. 262 sowie Bernd Faulenbach: Acht Jahre deutsch-deutsche Vergangenheitsdebatte – Aspekte einer kritischen Bilanz, In: Christoph Kleßmann, Hans Misselwitz, Günter Wichert (Hrsg.): Deutsche Vergangenheiten – eine gemeinsame Herausforderung. Der schwierige Umgang mit der doppelten Nachkriegsgeschichte, Berlin 1999, S. 21.

zur DDR-Aufarbeitung keine entsprechende öffentliche, gesamtgesellschaftliche sowie politische Würdigung. Die Wahrnehmung lag für das Gros der Bürger der DDR nach einem halben Jahrzehnt deutscher Einheit in der einseitigen öffentlichen Beschäftigung aus bundespolitischer Sicht. Diesen Eindruck verstärkten vor allem westdeutsche Autoren mit ihrer vorhandenen Sicht über die DDR. Mit dieser Unzufriedenheit wuchs auch die ‚positive' Erinnerung einiger Interessengruppen an die ehemalige DDR und manifestierte sich an dem allmählich hervortretenden Nostalgie-Denken.

Auf bundespolitischer Ebene führten diese Wahrnehmungen aus der ‚enttäuschten' Lage der Ostdeutschen zu der Einsicht, dass dieses Thema weiterhin öffentlich-politischen Raum benötigte, um sich der Frage nach der Verantwortung über den Umgang mit der DDR weder zu entziehen, sie noch als beendet anzusehen. Wenngleich damit auch bei der Konstituierung zur *zweiten* Enquete-Kommission (1995–1998)[284] ein Perspektivwechsel einher ging, indem sich der Focus der DDR-Auseinandersetzung nunmehr weg von der Klärung des Unrechtscharakters der DDR und hin zu dem Aspekt der Erinnerung richtete, blieb eine Orientierung an den Erkenntnissen der ersten EK nach wie vor die Grundlage. Dass bedeutete, das an bisherigen Fehlansichten und emotional-vorgeprägten Aversionen über die Geschichte der DDR festgehalten wurde und weder ein antitotalitärer Konsens, weder eine Definition der DDR als Unrechtssystem in Frage gestellt wurden, noch eine Zurkenntnisnahme totalitärer Ideologien Berücksichtigung fand. Dies implizierte auch die Delegitimierung des DDR-Antifaschismus. Inwiefern dieser Aspekt auch der Suche nach einem Schuldigen gleichkommt, ist nicht auszuschließen. Trotz dieser inhaltlichen Vorbedingungen und Weiterführung der Aufarbeitungsansicht der ersten EK waren die geschichtspolitischen Schwerpunkte diesmal anders gelagert. Dazu gehörten vor allem mentalitäts-, alltags-, sozial- und kulturgeschichtliche Blickwinkel der DDR-Vergangenheit zu betrachten.[285] Doch auch die Frage nach dem künf-

---

284 Siehe Fn. 246.

285 Vergleiche dazu die Themenfelder: 1.) Bildung, Wissenschaft, Forschung; 2.) Wirtschafts-, Sozial- und Umweltpolitik; 3.) das geteilte Deutschland im geteilten Europa; 4.) rechtstaatliche Aufarbeitung/ Opfer der SED-Diktatur/ aktuelle Fragen und Gesetzesvorhaben; 5.) Archive; 6.) Gedenkstätten; 7.) internationale Zusammenarbeit; 8.) Weiterführung des Prozesses der Aufarbeitung; 9.) Leben in der DDR. Vgl. Deutscher Bundestag (Hrsg.): Materialien

tigen erinnerungskulturellen Umgang mit der DDR-Vergangenheit nach 1989 stand in diesem Kontext.[286] Dementsprechend lag die Bestimmung der zweiten EK insbesondere darin zu Handlungsempfehlungen zu kommen, die zu einer politisch-historischen Analyse sowie zu einer politisch-moralischen Bewertung der SED-Diktatur beitragen sollten.[287]

Auch spielten wiederum unterschwellige und parteipolitische Dissonanzen innerhalb der Kommissionsarbeit, gleichwie der ersten EK, eine markante Rolle. Die Schwerpunkte lagen diesmal vor allem im ‚richtigen' Erinnern sowie Gedenken, um richtungweisende Regeln im künftigen Umgang für gesamtdeutsche Erinnerungsformen herauszubilden. Problematisch erschien hierbei, dass diese richtungweisenden Regeln für gesamtdeutsche Erinnerungsformen auch eine Konfrontation mit der nationalsozialistischen Erinnerungskultur beinhalteten und wie bei der Beschäftigung mit der DDR-Vergangenheit auch für die der NS-Vergangenheit verbindlich seien. Daraus zogen besonders die Konservativen den Schluss, dass a) eine Parität zwischen beiden Systemen (NS- und DDR-Staat) bestehe, dass b) die totalitarismustheoretischen Argumente weiterhin Bestand haben und c) ihre Deutungsabsicht über die Delegitimierung der DDR aus der ersten EK weitergeführt werden können. Infolgedessen wurde wieder eine sachliche Beschäftigung in der politischen Diskussion begrenzt, da für die Konservativen die DDR-Vergangenheit nicht nur aus der Sicht einer bestimmten Opferperspektive (Opfer der DDR) wahrgenommen wurde, sondern auch eine Gleichstellung der Opfergruppen im öffentlichen Gedenken angestrebt wurde. Insbesondere gegen eine Aufwertung der Opfer der SBZ/DDR durch eine Gleichsetzung mit den Opfern des NS-Staates, um die DDR auch hinsichtlich des ‚Opferstatus' zu delegitimieren, richtete sich der Widerstand,

---

der Enquete-Kommission „Überwindung der Folgen der SED-Diktatur im Prozess der deutschen Einheit", Baden-Baden 1999, Bd. 1, S. 160 f.

286 Vgl. Bernd Faulenbach: Acht Jahre deutsch-deutsche Vergangenheitsdebatte – Aspekte einer kritischen Bilanz, In: Christoph Kleßmann, Hans Misselwitz, Günter Wichert: Deutsche Vergangenheiten – eine gemeinsame Herausforderung, a. a. O., S. 17 ff sowie auch das Sondervotum der SPD in ihrem Abschlussbericht zur ersten EK, In: Deutscher Bundestag: Materialien der Enquete-Kommission „Aufarbeitung von Geschichte und Folgen der SED-Diktatur in Deutschland", a. a. O., Bd. 1, S. 740 ff.

287 Vgl. Carola S. Rudnick: Die andere Hälfte der Erinnerung, a. a. O., S. 64.

der hauptsächlich aus den Reihen der SPD und den verschiedenen Opfergruppen kam. Speziell die Opfer des NS-Regimes kritisierten diese Sicht und lehnten dieses (vorwiegend von den Konservativen betriebene) gegenseitige Ausspielen der Opfer ab.[288] Neben dieser bedenklichen Gleichsetzung wurden die erinnerungspolitischen Diskurse zudem in der zweiten EK vornehmlich von der ‚Opferfrage' wie der Evaluierung um die Erinnerungspolitik der DDR und der Alt-BRD tangiert. Dass diese Bedenken Berücksichtigung fanden, ist auf das Insistieren der Bundestagsparteien SPD und PDS und denen ihnen jeweils nahe stehenden Sachverständigen (wie Bernd Faulenbach, Hans Mommsen, Klaus von Dohnanyi, Ludwig Elm (PDS), Peter Reichel und Rainer Rürup) sowie den NS-Opferverbänden zurück zu führen.[289] Vor allem bei der PDS setzte sich ein Perspektivenwechsel bei der Aufarbeitung der DDR-Vergangenheit durch, indem sie die konstitutive Voraussetzung des Erinnerns befürworteten. Zudem erkannten sie das „*Unrecht*" der DDR an. Ihren kritischen Widerspruch erhoben sie nur noch bei Belangen, die das Gleichsetzungsbestreben zwischen NS- und DDR-Staat als auch bei der einseitigen Charakterisierung zwischen beiden deutschen Erinnerungskulturen vor 1989 betrafen.[290] Damit setzte sich in diesen erinnerungspolitischen Diskursen um die DDR-Vergangenheit zunehmend eine differenziertere Betrachtungsweise durch, welche nunmehr die unterschiedlichen deutschen Vergangenheiten der NS-, der SBZ- und der DDR-Zeit mit einbezog.

Doch auch bei den Sozialdemokraten fand ein Perspektivenwechsel statt, der insbesondere die Erinnerungsansicht der Alt-BRD vor 1989 betraf. Hierbei nahm die SPD zum einen das Argument zur Kenntnis, der bisherigen und einseitigen Charakterisierung der antifaschistischen Erinnerungskultur der DDR auch als mögliche Antwort auf die Konstituierung der Alt-BRD im Kontext des Kalten Krieges zu sehen. Zum anderen brachten sie das Eingeständnis über die bisher verzerrende und gleichermaßen einseitige

---

288 Zu diesen verschiedenen Opfergruppen zählen unter anderem das Auschwitz-Komitee, der Interessenverband ehemaliger Teilnehmer am antifaschistischen Widerstand, Verfolgter des Naziregimes und Hinterbliebener sowie jüdische Interessenvertretungen.

289 Vgl. Carola S. Rudnick: Die andere Hälfte der Erinnerung, a.a.O., S. 66.

290 Vgl. Deutscher Bundestag: Materialien der Enquete-Kommission „Überwindung der Folgen der SED-Diktatur im Prozess der deutschen Einheit", a.a.O., Bd. 1, S. 627.

Darstellung der westdeutschen Auseinandersetzung mit dem Nationalsozialismus hervor, die gegenüber der DDR finanziell wie personell mehr als ungenügend war.[291]

Der Kampf um die parteipolitische Deutungshoheit über die Evaluierung der DDR und dessen Umgang mit ihrer Vergangenheit beschränkte sich in der zweiten EK nur noch auf zwei Positionen. Den Konservativen, vornehmlich aus CDU/CSU sowie FDP standen die Positionen von SPD und PDS entgegen. Dass sich letztere einander in dieser Thematik annäherten, lag vor allem auch am beidseitigem Perspektivenwechsel. Mit der moderaten, aber dennoch kritischen Sichtweise der SPD konnte sich die PDS größtenteils identifizieren. Dadurch war es auch der SPD möglich, ihre Standpunkte in der zweiten EK gegenüber den Regierungsparteien durchzusetzen. In der Gesamteinschätzung über die erinnerungspolitischen Ergebnisse ist im Vergleich zur ersten EK damit ein Wandel nachvollziehbar. So wurden die angestrebten Ziele, Handlungsempfehlungen zu erarbeiten, die a) den künftigen Umgang mit der DDR-Vergangenheit vorsahen und b) eine institutionelle Sicherstellung der gesamtdeutschen Gedenkstättenlandschaft gewähren sollten, um eine Erinnerungskultur zu etablieren, diesmal erreicht.[292] In der Betrachtung des Terminus Diktatur für die DDR fand insoweit eine Differenzierung statt, als dass die verschiedenen deutschen Diktaturen zukünftig als heterogene angesehen werden sollten. Damit war die Möglichkeit gegeben, beide Systeme im Kontext ihrer Vergangenheit einer Vergleichbarkeit zu unterziehen ohne sie einander gleichzusetzen.[293]

Für die Auseinandersetzung mit der DDR-Geschichte hatten diese richtungweisenden Regeln der zweiten EK zur Folge, dass eine Akzentverschiebung hin zur erinnerungspolitischen Wahrnehmung im historischen Zusammenhang einsetzte. Im Hinblick auf den nationalen Bewusstwerdungsprozess bedeutete dies nicht nur eine Empfehlung zum Umgang mit der SED-Diktatur, sondern auch eine wesentliche Definition[294] für die Erin-

---

291 Vgl. Deutscher Bundestag: Materialien der Enquete-Kommission „Überwindung der Folgen der SED-Diktatur im Prozess der deutschen Einheit", a. a. O., Bd. 1, S. 600.

292 Ebd., S. 587.

293 Ebd., S. 614 ff.

294 Die kollektive Erinnerung an die deutschen Diktaturen sei eine gesamtgesellschaftliche Aufgabe, die zusammen vom bürgerschaftlichen Engagement,

nerungskultur in einer Demokratie. Damit einher ging auch, dass der Folie für die idealisierte Darstellung der bundesrepublikanischen Erfolgsgeschichte als deutsch-deutsche Nachkriegsgeschichte somit die Basis entzogen werden sollte. Inwiefern diese Betrachtungen auch bei den verschiedenen musealen Institutionen, die die deutsch-deutsche Geschichte im Focus ihrer Arbeit haben, Berücksichtigung fand, bleibt erklärungsbedürftig und unterliegt nach wie vor dem Duktus über die DDR-Deutungshoheit, wenn unter anderem auch nach den Erkenntnissen der zweiten EK (1998) das Haus der Deutschen Geschichte in Bonn die Verdammungsgeschichte der DDR für die eigene Erfolgsgeschichte benutzt(e), um die BRD zu glorifizieren, wie dies Konrad Jarausch noch 2004 konstatierte.[295]

Aber auch die Erkenntnisse, keine Hierarchisierung der Opfergruppen zu betreiben sowie sie für keine weiteren politischen oder ideologischen Absichten zu instrumentalisieren, sind ebenso als richtungweisend anzusehen wie die Überwindung kommunistischer Geschichtsbilder. Für die DDR war die Erinnerungskultur vor 1989 von einem politisch instrumentalisierten Antifaschismus geprägt und der fokussierte kommunistische Widerstand trug zur Ausblendung nicht nur des historischen Kontextes, sondern auch anderer Opfergruppen bei. Hingegen war die Erinnerungskultur der BRD vor 1989 vor allem dadurch geprägt, dass sie bis weit in die 70er Jahre hinein eine Anerkennung des kommunistischen Widerstandes verhinderten. Erst im letzten Vorwendejahrzehnt konnten diese starren Ansichten dahingehend aufgeweicht werden, dass nun auch anderen Opfergruppen, wie die jüdischen Opfer beispielsweise für die DDR oder für kommunistische Opfer

---

vom jeweiligen Land und vom Bund getragen werden sollte. Heterogenität, Pluralität und Dezentralität der Erinnerung seien zu festigen und weiterzuentwickeln. Siehe dazu die Richtlinien zur gesamtdeutschen Erinnerungskultur in: Deutscher Bundestag: Materialien der Enquete-Kommission „Überwindung der Folgen der SED-Diktatur im Prozess der deutschen Einheit“, a. a. O., Bd. 1, S. 616–625.

295 Vgl. Konrad H. Jarausch: Die Zukunft der ostdeutschen Vergangenheit – Was wird aus der DDR-Geschichte?, a. a. O., S. 81–99, hier S. 85, siehe Fn. 2 sowie die Webseite des Hause und insbesondere die Dauerausstellung. Die eigentliche Bezeichnung lautet: Stiftung Haus der Geschichte der Bundesrepublik Deutschland.

der BRD, dieser Status anerkannt worden war.[296] In der Tat begann sich durch die Kommissionsarbeit ein Paradigmenwechsel in der zeitgeschichtlichen Betrachtung der deutsch-deutschen Vergangenheit zu vollziehen. Einer bisherigen Vergangenheitspolitik mit ihrer Verdammungsthese, die anfänglich im Zentrum der DDR-Betrachtung stand, wurde nun durch die im Zentrum stehende Erinnerungspolitik der zweiten EK gerecht, da mit ihrem breiteren Ansatz ein differenzierter Umgang mit der DDR-Geschichte möglich war.

Die aus dieser zweiten EK gewonnenen Erkenntnisse führten in der Folge dazu, dass die Stiftung zur Aufarbeitung der SED-Diktatur als ein weiteres Instrumentarium der bundespolitischen Geschichts- und Erinnerungspolitik etabliert wurde. Sie sollte nicht nur für die künftige Fortsetzung in der Auseinandersetzung mit der DDR-Geschichte sorgen, sondern auch zur dauerhaften Sicherstellung der DDR-Aufarbeitung beitragen. Zu den Zielen dieser Stiftung gehörten unter anderem eine Bestandssicherung der bisherigen Aufarbeitungsinitiativen sowie Aufarbeitungsinstitutionen im Kontext der Erinnerungskultur hinsichtlich der DDR-Vergangenheit zu gewährleisten. Die parteipolitischen Dissonanzen, die schon in der oben aufgezeigten Kommissionsarbeit vielmehr hindernd als fördernd waren, gingen auch in der Stiftung weiter. Nicht grundlos blieb die PDS sowohl personell als auch parteilich vom Stiftungsrat ausgeschlossen.[297] Dies entspricht nicht den demokratischen Prinzipien oder ist mit ihnen vereinbar. Auffälligerweise wurden nach dem Regierungswechsel 1998 diese erinnerungskulturellen Errungenschaften in den nachfolgenden Jahren immer wieder von den Konservativen angegriffen. Ungeachtet wissenschaftlicher Differenzierungen setzten sie begriffliche Definitionen fest, indem sie die „kommunistische

296 Vgl. Deutscher Bundestag: Materialien der Enquete-Kommission „Überwindung der Folgen der SED-Diktatur im Prozess der deutschen Einheit“, a. a. O., Bd. 1, S. 590 ff.

297 Weder in den 13 Arbeitsstellen des Stiftungsrates, noch in den 5 Vorstandsstellen war die PDS vertreten. Die Stiftungs-Besetzung stand in Personalkontinuität zu den Enquete-Kommissionen, die aus parteinahen Sachverständigen, ehemaligen ostdeutschen Bürgerrechtlern und Bundestagsabgeordneten, die die leitenden Stiftungsgremien übernahmen, bestanden.

Diktatur" zeitlich von 1945–1990[298] sahen und nicht historisch differenziert betrachteten. Damit knüpften sie an ihre früheren totalitarismustheoretischen Denkmuster an, um die gesellschaftlich komplexen Entwicklungsstrukturen nach dem Zweiten Weltkrieg in Europa und speziell für Deutschland den Kommunismus gegenüber dem Nationalsozialismus als die wesentlich ‚totalitärere' Diktatur zu kennzeichnen. Nach wie vor wurde in diesen geschichts- und erinnerungspolitischen Diskursen des zweiten Nachwendejahrzehnts um die Deutungshoheit über die DDR-Delegitimierung gerungen. Die in diesem Kontext eingesetzte Experten-Kommission unter dem Vorsitz des Historikers Martin Sabrow 2005/2006 konnte diesen erinnerungspolitischen Disput auf bundespolitischer Ebene nicht entschärfen. Ihre erarbeiteten Vorschläge behandelten unter anderem die Gedenkstättenfrage sowie die institutionelle Förderung der Normannenstraße und von Berlin-Hohenschönhausen, die in die BStU-Behörde eingebunden werden sollten. Sie wurden zur Kenntnis genommen, aber die Gedenkstättenkonzeption blieb wirkungslos.[299] Auch in der sich veränderten Situation der Regierungsneubildung 2005 und der Großen Koalition von CDU/CSU und SPD konnten die Mehrheit der Konservativen zudem an ihrer Position und ihrer Deutungshoheit insofern festhalten, als dass die Auseinandersetzung mit dem Umgang der DDR gegenüber des Nationalsozialismus erneut aufgewertet und im Vergleich zu diesem mehr betrachtet wurde.

Anhand dieser Gesichtspunkte kann von einem kohärent verlaufenden historisch- wie erinnerungspolitischen Konsens seit dem Transformations-

---

298 Sichtbare Zeichen solcher historischen wie bedenklichen Denkmuster bilden unter anderem auch die ‚touristischen' Hinweisschilder „Deutsche Teilung 1945–1990" ab, die sich an den Bundesautobahnen A 111 Richtung Berlin in der Nähe von Stolpe (Hohen Neuendorf) / A 115 Richtung Berlin in der Nähe von Kleinmachnow (ehemals Checkpoint Bravo) / der A 2 Richtung Braunschweig in der Nähe des Grenzübergangs Helmstedt-Marienborn (ehemals Checkpoint Alpha) oder der Bundesstraße B 2 von Potsdam nach Berlin Spandau befinden. Die Initiative dieser ‚touristischen' Hinweisschilder geht zurück auf die Bundesstiftung zur Aufarbeitung der SED-Diktatur und sie wurden zum 16. Jahrestag der Deutschen Einheit und zum 17. Jahrestag des Mauerfalls im Oktober und November 2006 an den ehemaligen Grenzübergangsstellen zwischen Ost- und Westdeutschland errichtet.

299 Siehe dazu Martin Sabrow, Rainer Eckert, Monika Flacke et al. (Hrsg.): Wohin treibt die DDR-Erinnerung? Dokumentation einer Debatte, Bonn 2007.

prozess nach 1989 nicht gesprochen werden, wie es die oben erwähnten Geschichtsnarrative zum Gedenkjahr 2009 in der Majorität versuchen aufzuzeigen. Sie stellen den debattenreichen und anhaltenden Prozess in der DDR-Auseinandersetzung nicht hinreichend dar.[300] Wenn im Ergebnis dessen und in der Erinnerung an die unterschiedlichen deutschen Vergangenheiten nach über zwei Jahrzehnten in der Auseinandersetzung mit der DDR beide Diktaturen als adäquat und gleich bedeutsam betrachtet werden, wäre es empfehlenswert, sich wieder von der politisch-moralischen und emotional geführten Sichtweise des Terminus politicus *Unrechtsstaat DDR* im erinnerungs- und geschichtspolitischen Prozess zu lösen und den DDR-Diskurs so zu betrachten wie es bereits am Ende der 90er Jahre möglich war: differenzierter.

5.3 DDR Reflexion aus wissenschaftlicher Sicht

Bezug nehmend auf die oben dargestellten Sichtweisen wird sich nun der wissenschaftlichen Ebene zugewandt. Im Kontext der Thematik des *Unrechtsstaates DDR* blieb sie weder frei von den Einflüssen der Bürger der DDR oder den verschiedenen Interessengruppen, noch von den bundespolitischen DDR-Debatten. Zudem stand im Zuge der Aufarbeitung der DDR und ihrer Vergangenheit zugleich auch stets die Vergangenheitsbewältigung. Beide Aspekte stehen in einem Spannungsverhältnis zueinander und während sich die Aufarbeitung als der primäre Aspekt erwies und sich nach und nach in den zwei Jahrzehnten der deutschen Wiedervereinigung fest etablierte, verlor andererseits der Aspekt der Vergangenheitsbewältigung sukzessiv an Bedeutung und trat in den Hintergrund zurück.[301] Sich einer prekären Diktaturvergangenheit zu stellen, wie sie das 20. Jahrhundert für die Deutschen bildete, blieb insbesondere bei der Majorität der Bundesbürger, aber auch für Bürger der DDR dahingehend aus, dass sich vielmehr einer Diktaturvergangenheitsbewältigung nach 1989 zugewendet wurde, die die Majorität der Deutschen hat, aber keinen mehr betraf. Daraus resultieren vor allem die bundespolitischen, oppositionellen, konservativen als

300 Siehe Fn. 241.

301 Vgl. Martin Sabrow: Wem gehört „1989"?, In: Ders. (Hrsg.): Bewältigte Diktaturvergangenheit? 20 Jahre DDR-Aufarbeitung, Leipzig 2010, S. 9 f.

auch von den Opferinteressengruppen geführten Bestrebungen hinsichtlich der Deutungshoheit über die DDR. Die Versuche die DDR wissenschaftlich sowie in den unterschiedlichen Phasen differenziert zu betrachten oder betrachten zu können blieben insofern begrenzt oder zumeist ausgeschlossen, als dass diese Diskurse vorrangig emotional wie politisch instrumentalisiert geführt wurden und sich somit Rücksichtnahme auf den gesellschaftlichen Zuspruch sowie ihrer moralischen Verträglichkeit durchsetzten gegenüber einer wissenschafts-historischen Darstellung. Dabei wurde der Aspekt im Umgang mit der Verantwortung über die DDR-Geschichte zeitweilig auch zu einem bedrückenden Vermächtnis mit der DDR-Geschichte.

Aber auch die Renaissance der totalitarismustheoretischen Sichtweisen nach 1989 und die Delegitimierungsabsicht der DDR beeinflusste die wissenschaftliche Auseinandersetzung mit der DDR. Davon zeugen nicht nur wissenschaftliche Publikationen[302], sondern es bleibt vor allem erklärungsbedürftig, wenn für Thomas Großbölting die DDR immer noch delegitimiert werden muss und totalitarismustheoretische Wahrnehmungen über einer kritischen, wissenschaftlichen wie differenzierteren Sicht stehen.[303] Zudem erscheinen darüber hinaus fachwissenschaftliche Geschichtsnarrative bedenklich, die die DDR in der Geschichte nur als eine „russische Satrapie“ bezeichnen und in ihr nur einen „modernen Sultanismus“ sehen wie dies Hans-Ulrich Wehler in seinem fünften Band der Deutschen Gesellschaftsgeschichte darstellte.[304]

302 Siehe dazu Eckhard Jesse (Hrsg.): Totalitarismus im 20. Jahrhundert. Eine Bilanz der internationalen Forschung, Baden-Baden ²1999 sowie Punkt 4.2 dieser Arbeit.

303 Vgl. Thomas Großbölting: Zwischen „Sonnenallee“, „Schurkenstaat“ und Desinteresse – Aporien im Umgang mit der DDR-Vergangenheit im wiedervereinigten Deutschland, In: Ders., Dirk Hoffmann (Hrsg.): Vergangenheit in der Gegenwart. Vom Umgang mit Diktaturerfahrungen in Ost- und Westeuropa, Göttingen 2008, S. 109–122.

304 Hans-Ulrich Wehler (Hrsg.): Deutsche Gesellschaftsgeschichte. Bundesrepublik Deutschland und DDR 1949–1990, Bd. 5, München 2008, S. XV und 354 ff. Vergleiche dazu die in der Fachwissenschaft geführte Kontroverse von Patrick Bahners, Alexander Cammann (Hrsg.): Bundesrepublik und DDR. Die Debatte um Hans-Ulrich Wehlers „Deutsche Gesellschaftsgeschichte“, München 2009, S. 134 ff. Siehe Fn. 5.

Zwar versucht er, eine gesamtdeutsche Nachkriegsgeschichte aufzuzeigen, doch zu einer bestrebten objektiven Wissenschaftlichkeit mit der Geschichte der DDR trägt Wehlers eingeschränkte Darstellung wenig bei.

Aber nicht alle Bestrebungen haben den Vergleich in ihrer Deutschlandsicht zum Ziele und stellen die Geschichte der beiden deutschen Staaten als eine getrennte dar, wie dies unter anderem bei Manfred Görtemaker oder Ulrich Mählert der Fall ist.[305] In der Tat lässt sich fragen, ob durch die Aufhebung der Spaltung Deutschlands die bisherige deutsche Geschichte umgeschrieben werden muss? Für eine Betrachtung in der Langzeitperspektive erscheint dies von Vorteil, im Einzelnen nicht. Allerdings ist die historiographische Trennung von Bundesrepublik- und DDR-Geschichte insofern problematisch, als das sich trotz der vertiefenden Abgrenzung beide deutschen Staaten in ihrer 40-jährigen Nachkriegsgeschichte nicht nur voneinander wandelten, sondern sich auch einander prägten. Die Beachtung dieser Beziehungsgeschichte der beiden deutschen Staaten lässt dadurch die signifikanten innen- wie außenpolitischen Entwicklungen in der DDR und in der BRD verstehen und liefe nicht Gefahr, die vorhandene „asymmetrisch verflochtenen (deutsch-deutsche) Parallelgeschichte“[306] unberücksichtigt zu lassen.

Solchen Faktengeschichten über die DDR stehen auch Rezeptionsgeschichten gegenüber. Hierzu zählen unter anderem Martin Sabrow und sein Versuch, den vorherrschenden Erinnerungs- und Geschichtsnarrativen anhand verschiedener Erinnerungsgedächtnisse zu erklären. Für ihn sind das Revolutions-, Wende- und Anschlussgedächtnis jene drei wesentlichen Prägungen, die sowohl den Diskurs um die DDR-Aufarbeitung nach ‚1989‘

305 Vgl. Manfred Görtemaker: Geschichte der Bundesrepublik Deutschland. Von der Gründung bis zur Gegenwart, München 1999 sowie Ulrich Mählert: Kleine Geschichte der DDR, München ^{4}2004.

306 Christoph Kleßmann: Spaltung und Verflechtung – Ein Konzept zur integrierten Nachkriegsgeschichte 1945 bis 1990, In: Christoph Kleßmann, Peter Lautzas (Hrsg.): Teilung und Integration, Bonn 2005, S. 20–36 sowie Ders.: Die doppelte Staatsgründung. Deutsche Geschichte 1945–1955, Bonn 1991, S. 11–18. Siehe dazu auch Bernd Faulenbach, Franz-Josef Jelich (Hrsg.): „Asymmetrisch verflochtene Parallelgeschichte?“. Die Geschichte der Bundesrepublik und der DDR in Ausstellungen, Museen und Gedenkstätten, Essen 2005.

beeinflussten als auch zueinander in heftiger Konkurrenz standen.[307] Dabei stellt sich die Frage, was der Begriff Aufarbeitung der Vergangenheitsbewältigung leistet, um ihn vom kollektiven Gedächtnis zu unterscheiden?

Martin Sabrows methodische Darstellung der Vergangenheitsbewältigung liegt ganz im Sinne von Theodor W. Adornos Aufsatz *Was bedeutet: „Aufarbeitung der Vergangenheit“* aus dem Jahre 1959. Hinter dieser Auseinandersetzung steht die Verhinderung von Wiederholung: Nie wieder.[308] Ganz in diesem Sinne verfuhr er auch in der unter seinem Vorsitz geführten Experten-Kommission 2005/2006 zur DDR-Vergangenheit. Demnach soll die Historiographie nach der objektiven Wahrheit streben und nicht zur Delegitimierung instrumentalisiert werden. Problematisch wird es nur dann, wenn mit diesen wissenschaftlichen Sichtweisen genau das betrieben wird, wogegen sie sich anfänglich richteten und zu einer Delegitimierung – oder einer solchen Deutungssicht – beitragen. Zugegeben, dies ist ein schmaler Grat, auf dem sich die historische Wissenschaft bewegt. Aber dennoch sollte die kritische Prüfung stets dabei mit berücksichtigt werden. In seinem Aufsatz *Wem gehört „1989“?* unterliegt Martin Sabrow diesem Bestreben und trägt stellenweise zu dieser unkritischen Sicht bei. Dabei appelliert er an die Fachhistorie, dass die jeweiligen Deutungsangebote, die er als Revolutions-, Wende- und Anschlussgedächtnis einführt, einer kritischen Prüfung zu unterziehen seien ohne „Rücksicht auf soziale Akzeptanz“.[309] Äußerst umstritten ist dabei in der Geschichtswissenschaft, inwiefern die „soziale Akzeptanz“ in die Erinnerungskultur mit einbezogen oder davon abgegrenzt werden kann. Martin Sabrows Bemühungen intendieren zwar zur Einbeziehung der DDR-Aufarbeitung in die Erinnerungskultur, aber von den drei möglichen Geschichtsnarrativen der DDR[310], die zum einen vom

307 Vgl. Martin Sabrow: Wem gehört „1989“?, In: Ders. (Hrsg.): Bewältigte Diktaturvergangenheit? 20 Jahre DDR-Aufarbeitung, Leipzig 2010, S. 9–20.

308 Theodor W. Adorno: Was bedeutet: Aufarbeitung der Vergangenheit [1959], In: Ders.: Gesammelte Schriften, Bd. 10. 2, Frankfurt a.M. 1977, S. 555–572, hier S. 568 ff. Zugleich sollte Adornos Aufsatz ein Erklärungsansatz sein, um den Nationalsozialismus im Kontext einer Vergangenheitsbewältigung nicht nur wissenschaftlich, sondern auch gesellschaftlich verstehen zu können.

309 Martin Sabrow: Wem gehört „1989“?, a.a.O., S. 19.

310 Die drei möglichen Erzählweisen der DDR gehen auf Konrad H. Jarauschs Vorschlag zurück, der damit den zumeist in der Wissenschaft nur zwei gese-

guten antifaschistischen Anfang her gesehen werden können (vorwiegend die PDS-Sicht), zum anderen von der Mitte der Stabilität im Kontext der Entspannung (vorwiegend die SPD-Sicht) sowie vom Ende der Geschichte her, wählt Martin Sabrow die letzte Sicht, die auch vorwiegend bei der CDU/CSU und den Grünen vorherrscht und blendet die anderen beiden Sichtweisen aus.[311]

Daneben macht er aber auch auf den Fakt aufmerksam, dass die politischen und gesellschaftlichen Ereignisse im Herbst 1989 für Deutschland zumeist nur begrenzt und dementsprechend auch nur aus der Sicht der Deutschen betrachtet werden. Ein Blick über die Grenzen offenbart die historische und zugleich europäische Situation, die dazu führte, dass 1989 die Teilung Europas überwunden werden konnte ohne militärischen Einsatz. Ein Beispiel dafür bildet Polen und sein jahrzehntelanges sich Wehren gegen den staatlichen Kommunismus. Aber vor allem war es der Sowjetunion und seinem politisch besonnenen Parteivorsitzenden Michail Gorbatschow zu verdanken, dass Vernunft gegenüber Systemideologie siegte und nichts dahingehend unternommen wurde, diesen friedlichen Ereignissen mit den üblich militärischen Mitteln zu entgegnen. Damit bringt er einen Aspekt hervor, der in der wissenschaftlichen Zeitgeschichte in der DDR-Auseinandersetzung nicht die Berücksichtigung fand, die vonnöten wäre: Der Kalte Krieg zwischen zwei rivalisierenden Systemen. Denn dieser Aspekt bestimmte zugleich auch immer den Konflikt zwischen den beiden Systemgesellschaften.[312] Aber auch die vielfältigen Einflussfaktoren, die nicht nur von außen, sondern auch von innen auf die DDR wirkten, ließen sie ebenfalls nicht zur Ruhe kommen. Zu diesen Unruhefaktoren gehören insbesondere die Aufstände 1953, 1956, 1968 oder 1981, die vor allem auch dazu führten, dass die osteuropäischen Staaten und speziell die DDR über Jahrzehnte nicht von der Sowjetunion freigegeben wurden. Dies resultierte aus dem Sicherheitsbestreben der Sowjetunion, die wiederum auf die nega-

---

henen Sichtweisen der DDR (vom Anfang oder vom Ende her) im Kontext der DDR-Auseinandersetzung eine weitere und damit differenzierte anbot.

311 Da sich unter den Mitgliedern der Bündnisgrünen viele ehemalige Oppositionelle und Bürgerrechtler befanden, sahen sie, wie die Mehrheit der CDU/CSU, in ihrer Wahrnehmung vorrangig die DDR vom Ende der Geschichte her.

312 Vgl. Martin Sabrow: Die DDR in der deutschen Geschichte, In: Geschichte für heute. Zeitschrift für historisch-politische Bildung, 1/2013, S. 7.

tiv gemachten Erfahrungen des Zweiten Weltkrieges zurückgingen. Neben diesen Einflussfaktoren aus der östlichen Hemisphäre wirkten auf die DDR auch Einflüsse aus der westlichen Hemisphäre, die somit auch die Genese des SED-Regimes wesentlich beeinflussten. Denn anders als beispielsweise Rumänien konnte sich die DDR nicht so autokratisch entwickeln, aufgrund der deutsch-deutschen Verbindungen, die besonders im familiären Bereich lagen und somit eine kulturelle Verbindung stets präsent war. Auf der anderen Seite waren die medialen Verbindungen wie auch der geographische Bezug der Teilung ein nicht zu unterschätzender Einfluss. Sie spielten eine entscheidende Rolle für die DDR. Ohne diese intra- und internationalen Einflüsse wissenschaftlich mit zu berücksichtigen, die diese Komplexität verdeutlichen, bleibt die Historiographie der DDR in dieser Betrachtung begrenzt und einseitig.

Ohne Zweifel war die wissenschaftliche Auseinandersetzung mit der DDR-Geschichte schwierig und wurde zum einen von politischen, emotionalen, journalistischen und moralischen Sichtweisen geprägt. Zum anderen blieb sie auf die beschränkenden Aufarbeitungsaspekte der DDR-Staatssicherheit sowie dem Herrschaftsapparat verengt. Sie ist jedoch mit einer Vehemenz durchgeführt worden, welche im zeitlichen Vergleich weder die Erforschung des Nationalsozialismus noch die Erforschung der Anfangsgeschichte der Bundesrepublik erreichte.[313] Darüber hinaus kann eine wissenschaftliche Auseinandersetzung mit der DDR nur zu einer Aufarbeitung der DDR-Vergangenheit beitragen, wenn sie einen multiperspektivischen Weg zu gehen bereit ist. Dabei zeigt sich, dass insbesondere öffentliche wie bundespolitische Eingriffe beständig versuchten, diese Debatte zu beeinflussen, sie für sich zu gewinnen und dementsprechend ihre Deutungssicht fest zu etablieren. In den beiden Nachwendejahrzehnten waren diese unterschiedlichen Positionen stets gegeneinander und um die Gunst der moralischen Allgemeinheit bestrebt. Für eine künftige DDR-Erforschung aus wissenschaftlicher Sicht bietet es sich an, die zunehmend gesehene Zeit der Systemkonkurrenz nicht nur unter dem Aspekt einer damaligen „alternativlosen Politik“[314] zu betrachten. Vielmehr sollte die historische Fachwissenschaft die politischen Einflüsse, die diese Zeit speziell prägten und sich

313 Ebd., S. 7.
314 Martin Sabrow: Die DDR in der deutschen Geschichte, a. a. O., S. 8.

dadurch wesentlich auf das jeweilige gesellschaftliche System auswirkten, hinreichend berücksichtigen. Zu diesen Einflüssen, die sich in den siebziger Jahren allmählich herausbildeten und die sich teils parallel und teils unterschiedlich vollzogen, gehören insbesondere die beginnenden Krisen der sozialen Ordnung in der sozialistischen Staatenwelt. Doch auch für die westlichen Gesellschaften, die bislang davon ausgingen, dass diese Prozesse nur für die östlichen Weltteil zutrafen, blieben davon nicht ausgenommen. Dies zeigt sich unter anderem an den gesellschaftlichen Orientierungsgrößen wie Staat und Nation oder Familie und Beruf. Dabei ist vor allem die Rolle, die die neuen Mittel in der Informations- und Medientechnologie hervor brachten nicht zu unterschätzen, da sie die ‚Grenzen' leichter überwinden konnten. Gewiss waren diese Prozesse nicht so offensichtlich zu erkennen wie politische Umbrüche, da sie fast unbemerkt und schleichend einhergingen. Aber in ihren Folgen trugen sie – gleich den politischen – auch zu den tief greifenden und gesellschaftlichen Veränderungen bei.[315]

Im Zusammenhang mit der Thematik des *Unrechtsstaates DDR* bildete nicht nur die wissenschaftlich-historische Betrachtungsebene einen Kernpunkt im Diskurs der Auseinandersetzung seit dem Ende der DDR. Auch spielten die öffentliche Erinnerung sowie die staatliche Gedenkpolitik als Einflussfaktoren eine bedeutende Rolle, deren Wirkung nicht zu unterschätzen war. Während sich die Intentionen der verschiedenen Interessengruppen aus den unterschiedlichen Perspektiven auf die ehemalige DDR erklären lassen, sind hingegen ihre Bestrebungen vor allem auf die jeweilige Deutungshoheit zurückzuführen. Rivalisierend und konkurrierend wurde und wird um diese Deutungshoheit besonders auf der politischen, emotionalen, journalistischen und moralischen Ebene gerungen. Denn anders als das nationalsozialistische Regime, das zur Distanzierung zwingt, bot das kommunistische Regime unter anderem Parameter wie Gleichheit, Gerechtigkeit und Solidarität, die nach den Erfahrungen des Nationalsozialismus die angestrebten Ziele eines neuen Gesellschaftssystems sein sollten. Wenngleich sich diese Bestrebungen politisch nicht durchsetzen konnten, ist der soziale Zuspruch nach wie vor vorhanden und lässt sich somit rechtfertigen. Dieses Spannungsverhältnis, das zwischen den öffentlichen, staatlichen und wissen-

315 Ebd., S. 8.

schaftlichen Einflussfaktoren geführt wurde und wird, verdeutlicht den besonderen Stellenwert in der Auseinandersetzung mit der DDR-Geschichte. Zugleich verdeutlicht dieses Spannungsverhältnis aber auch, dass für eine künftige Auseinandersetzung im Umgang mit der DDR weder eine singuläre Betrachtung der öffentlichen oder staatlichen noch wissenschaftlichen Ebene förderlich ist. Nicht im bisherigen Bestreben um die jeweilige Deutungshoheit gegeneinander, sondern im gemeinsamen Zusammenwirken kann dieser Weg bestritten und könnte er den Deutschen gerecht werden.

Eine Aufarbeitung der Debatte über den *Unrechtsstaat* ist aus der historischen Sicht unerlässlich, muss aber einhergehen mit einer Kritik der begrifflichen Vereinseitigung. Diese blieb bislang wenig in der wissenschaftlichen Ebene beachtet und sollte sich zukünftig gegen die Tendenzen der generalisierenden Verfestigung von Begriffen hinsichtlich der DDR-Charakterisierung wenden, da sich diese zum einen häufig auf isolierte Fakten der DDR stützen und zum anderen wenig erkenntnisleitend sind.

6. Schlussbetrachtung

Im Focus dieser Arbeit stand die Auseinandersetzung mit dem Terminus politicus *DDR-Unrechtsstaat* nach der Transformation 1989. Dabei zeigte sich, dass dieser polarisierende Begriff eine äußerst widersprüchliche, nachhaltige und emotionale Anwendung im Diskurs zur politisch-historischen Kennzeichnung der ehemaligen DDR fand. Zudem konnte konstatiert werden, dass im Kontext mit der DDR und in der Auseinandersetzung mit der Vergangenheit der DDR keine wissenschaftlich haltbare Definition des umstrittenen Terminus vorhanden ist.

So gibt es nach politologischem Begriffsverständnis zum Terminus *Unrecht* (bislang) keine Definition. Eine Anwendung findet sich als Komposita wie SED-Unrecht, Unrechtsstaat, NS-Unrecht wieder und dient vorrangig ‚nur' zur Nennung im jeweiligen Sachverhalt. Eine politologische Definition bieten diese Konstruktionen jedoch nicht. Auch der Terminus *Rechtsstaat* bietet aus der politologischen Sicht insofern keine hinreichende Erklärung, da weder eine Differenzierung zwischen den Termini *Rechtsstaat* und *Unrechtsstaat* stattfindet, noch eine Charakterisierung eines *Unrechtsstaates* erfolgt. Eine Definition für den Terminus *Unrechtsstaat* ließ sich aus politologischer Sicht ebenfalls nicht nachweisen.

Dagegen ergibt sich aus dem juristischen Begriffsverständnis zum Terminus *Unrecht* ein anderes Bild. Hier ist erkennbar, dass der Begriff *Unrecht* rein juristisch definiert wird, aber nicht in einer Anwendung auf das DDR-Recht Bezug nimmt. So entspricht zwar nach rechtswissenschaftlichem Verständnis der Ausdruck *Unrecht* dem Gegenteil von Recht, allerdings nur bei einem Verstoß gegen die Rechtsordnung, welche die Rechtsgüter schützt.[316] Lediglich in dieser Rechtsverletzung ist de jure der Tatbestand des

316 Alle Rechtsgüter werden dadurch geschützt, dass ihre Verletzung mit Strafe bedroht ist. Unter Rechtsgüter sind im groben zu verstehen: 1. Individualrechtsgüter = Schützen die Rechtsgüter des einzelnen Bürgers. Sie werden noch zwischen a) Persönlichkeitsschutz (Schutz von Persönlichkeitswerten, Leben, Ehre, Freiheit et al.) und b) in Vermögensschutz (Schutz des Vermögens, Eigentum et al.) unterschieden. 2. Allgemeinrechtsgüter = Schützen Rechtsgüter der Allgemeinheit (bspw. öffentliche Ordnung, Sicherheit, Umwelt et al.).

Unrechts gegeben. Zudem ließ sich auch aus juristischer Sicht das Vorhandensein einer Definition für den Terminus *Unrechtsstaat* nicht feststellen.

Die Verwendung des Terminus *Unrechtsstaat* findet sich zum großen Teil in den politischen Diskussionen mit der erzielten Absicht wieder, jene politischen Gesellschaftssysteme, die nicht dem bundesrepublikanischen Gesellschaftssystem entsprechen, moralisch zu diskreditieren. In diesem Zusammenhang entsprach die Nutzung des Terminus politicus *Unrechtsstaat* eher dem politischen Bestreben als ein ‚politischer Kampfbegriff'. Der Einfluss, den diese politischen Diskussionen in der Auseinandersetzung mit der DDR nahmen, war beträchtlich und führte nicht nur zu öffentlichen, sondern auch zu wissenschaftlichen Diskursen, die teilweise sehr heftig geführt wurden. Dass unter diesen Umständen politische Diskussionen nicht ausschließlich sachlicher Natur, sondern übermäßig emotional geprägt waren, liegt auf der Hand.

Zudem wurde deutlich, dass auch die historische Darstellung der DDR nicht frei ist von der politischen Debatte um den *Unrechtsstaat DDR*. Wie stark dieser Einfluss auf die historisch-wissenschaftliche Aufarbeitung der DDR-Vergangenheit war, zeigen die Charakteristika auf, die in dieser schriftlichen Arbeit Untersuchungsgegenstand waren. Dazu zählen insbesondere der historische Vergleich zwischen dem NS- und dem DDR-System, außerdem das Modell des Totalitarismusansatzes sowie die Frage: War die DDR eine Diktatur?

Zusammenfassend ließe sich folgendes sagen: Erstens sei hervorzuheben, dass zwischen dem NS-System und dem DDR-System präzise differenziert werden muss, um weder „die beispiellosen Verbrechen des Dritten Reiches durch den Hinweis auf die Untaten des SED-Staates zu relativieren, noch letztere mit Blick auf die NS-Verbrechen zu bagatellisieren".[317]

Zweitens diente die Totalitarismusthese in der historischen Auseinandersetzung mit dem Thema des *Unrechtsstaates DDR* zunehmend als ein ‚politischer Kampfbegriff'. Die eigentliche Absicht lag darin, den jeweiligen politischen Gegner zu diffamieren.

Drittens zeigen die vielen Versuche, das Herrschaftssystem der DDR begrifflich einzuordnen, dass a) die terminologischen und wissenschaftli-

317 Siehe Fn. 95.

chen Begriffsfindungen noch nicht abgeschlossen sind und b) emotionale Reaktionen für die Bezeichnung der DDR als Diktatur nicht ausbleiben.

Das Bemühen um eine klare historische Charakterisierung des DDR-Staates führte dazu, dass Historiker, Politiker, Parteien und Interessengruppen sowie Opferverbänden sich permanent in die Auseinandersetzung mit der DDR-Geschichte einbringen. Doch nur in einer demokratisch verfassten Gesellschaft, die ohne ein offizielles Geschichtsbild auskommt und die auch nicht nur nach ihren Maßstäben urteilt, kann der Entstehung von historischen Legenden als auch vom Terminus politicus *Unrechtsstaat DDR* nachhaltig entgegengewirkt werden.

7. Quellen- und Literaturverzeichnis

Quellen

Das Grundgesetz für die Bundesrepublik Deutschland [vom 23. Mai 1949].

Die Verfassung der Deutschen Demokratischen Republik [vom 07. Oktober 1949].

Deutscher Bundestag (Dt. BT), Drucksache 12/1189 vom 25. September 1991, Parlamentsarchiv Dt. BT, abgedruckt in: Schlussbericht der Ersten Enquete-Kommission „Überwindung der Folgen der SED-Diktatur im Prozess der deutschen Einheit", hrsg. vom Deutschen Bundestag, 8 Bde. in 14 Teilbänden, Baden-Baden 1999, Bd. 1, S. 614.

Einigungsvertrag [vom 31. August 1990].

Friedenspreis des deutschen Buchhandels 1994, Jorge Semprun. Ansprachen aus Anlass der Verleihung, Frankfurt a.M. 1994.

Gemeinsame Erklärung der Regierungen der BRD und der DDR zur Regelung offener Vermögensfragen [vom 15. Juni 1990].

„Gesetz über die innerdeutsche Rechts- und Amtshilfe in Strafsachen" vom 2. Mai 1953 (RHG), abgedruckt im BGBl. (Bundesgesetzblatt), Teil I, S. 161.

Entscheidungen des Bundesverfassungsgerichts:

- BVerfGE 34, 269, (286).
- BVerfGE 59, 128, (164).
- BVerfGE 7, 89, (92 f.), st. Rspr.

Urteile vom Bundesverfassungsgericht:

- BVerfG 09.02.1982 – 1 BvR 845/79.
- BVerfG 04.06.1985 – 1 BvL 7/85, (S. 36).

Verwaltungsgericht Karlsruhe

- Urteil vom 16. Dezember 2008, Az.: A 11 K 1340/08.

Aufsätze

Ash, Timothy Garton: Zehn Jahre danach, In: Transit, Europäische Revue 18, 1999/2000.

– Diktatur und Wahrheit. Die Suche nach Gerechtigkeit und die Politik der Erinnerung, In: Lettre International 40, 1998.

Berger, Stefan: Was bleibt von der Geschichtswissenschaft der DDR? Blick auf eine alternative historische Kultur im Osten Deutschlands, In: Zeitschrift für Geschichtswissenschaft 11/2002.

Bock, Petra: Von der Tribunal-Idee zur Enquete-Kommission. Zur Vorgeschichte der Enquete-Kommission des Bundestages „Aufarbeitung von Geschichte und Folgen der SED-Diktatur in Deutschland", In: DA 11/1995.

Bosshart, David: Die französische Totalitarismustheorie. Ein Literaturbericht, In: Mittelweg 36, 2. Jahrgang, Heft 5, 1993.

Bruyn, Günter de: ohne Titel, In: Frankfurter Hefte 2/1992.

Christoph, Klaus: Politische Kultur in der Bundesrepublik, In: DA 1/2012.

Deutsche Richterzeitung, Heft 1/1992.

Fricke, Karl-Wilhelm: Stasi-Erbe und Vergangenheitsbewältigung, In: DA 2/1992.

Hegewald, Heidrun: Die Differenzierung ist das Gebot, In: Utopie kreativ, Heft 17/18, März-April 1992.

Helwig, Gisela: Aufarbeitung ist Zukunftsgestaltung. Enquete-Kommissionen und Bundesstiftung, In: DA 5/1998.

Jarausch, Konrad H.: Realer Sozialismus als Fürsorgediktatur. Zur begrifflichen Einordnung der DDR, In: ApuZ B 20, 1998.

Kershaw, Ian: Nationalsozialistische und stalinistische Herrschaft. Möglichkeiten und Grenzen des Vergleichs, In: Mittelweg 36, 3. Jahrgang, Heft 5, 1994.

Kleßmann, Christoph: »Das Problem der doppelten Vergangenheitsbewältigung«, In: Die neue Gesellschaft, Nr. 38, 1991.

Kocka, Jürgen: Ein deutscher Sonderweg. Überlegungen zur Sozialgeschichte der DDR, In: APuZ B 40, 1994.

– Nationalsozialismus und SED-Diktatur in vergleichender Perspektive, In: Potsdamer Bulletin für Zeithistorische Studien, Nr. 2, 1994.

Kraushaar, Wolfgang: Sich aufs Eis wagen. Plädoyer für eine Auseinandersetzung mit der Totalitarismustheorie, In: Mittelweg 36, 2. Jahrgang, Heft 2, 1993.

Leyrer, Katja: Nicht unsere Sache, In: Konkret, Nr. 12, 1992.

Lozek, Gerhard: Genesis, Wandlung und Wirksamkeit der imperialistischen Totalitarismus-Doktrin, In: ZfG 14, 1966.

Meier, Artur: Abschied von der sozialistischen Ständegesellschaft, In: APuZ B 16/17, 1990.

Meuschel, Sigrid: Nationalsozialismus und SED-Diktatur in vergleichender Perspektive, In: DA 9/1994.

Müller, Ingo: Die DDR – ein Unrechtsstaat?, In: Neue Justiz 1992.

Noetzel, Thomas: Die angelsächsische Totalitarismusdiskussion, In: Mittelweg 36, 3. Jahrgang, Heft 3, 1994.

Pillich, Thomas / Steininger, Klaus: Ein Staat rechnet ab, In: Marxistische Blätter, Heft 3, 1993.

Pollack, Detlef: Das Ende einer Organisationsgesellschaft: Systemtheoretische Überlegungen zum gesellschaftlichen Umbruch in der DDR, In: Zeitschrift für Soziologie 19, Heft 4, 1990.

– Die konstitutive Widersprüchlichkeit der DDR – oder: War die DDR-Gesellschaft homogen?, In: GG 24, 1998.

– Was ist aus den Bürgerbewegungen und Oppositionsgruppen der DDR geworden?, In: ApuZ 40–41, 1995.

Probst, Lothar: Deutsche Vergangenheiten – Deutschlands Zukunft. Eine Diagnose intellektueller Kontroversen nach der Wiedervereinigung, In: DA 2/1994.

Sabrow, Martin: Die DDR in der deutschen Geschichte, In: Geschichte für heute. Zeitschrift für historisch-politische Bildung, 1/2013.

Schildt, Axel: Zeitgeschichte der „Berliner Republik", In: APuZ 1–3, 2012.

Schöneburg, Volkmar: Recht im nazifaschistischen und im „realsozialistischen" deutschen Staat. Diskontinuitäten und Kontinuitäten, In: Neue Justiz, 1992.

Schorlemmer, Friedrich / Thierse, Wolfgang / Ullmann, Wolfgang et al.: Tribunal als Forum der Aufklärung, In: DA 2/1992.

Schwarz, Hans-Peter: Die neueste Zeitgeschichte. „Geschichte schreiben während sie noch qualmt“. In: VfZ 51, 2003.

Sélitrenny, Rita: Die DDR – ein Normensimulationsstaat, In: DA 1/2005.

Smolar, Alexsander: Vergangenheitspolitik nach 1989. Eine vergleichende Zwischenbilanz, In: Transit, Europäische Revue 18, 1999/2000.

Stammer, Otto: Aspekte der Totalitarismusforschung, In: Soziale Welt 12, 1961, S. 97–111 (abgedruckt in Bruno Seidel, Siegfried Jenkner (Hrsg.): Wege der Totalitarismus-Forschung, Darmstadt 1968.

Sywottek, Arnold: „Stalinismus“ und „Totalitarismus“ in der DDR-Geschichte, In: Deutsche Studien 30, Heft 117/118, 1993.

Weizsäcker, Richard von: Arbeit an der Vergangenheit als wesentlicher Beitrag zur deutschen Einigung. Ansprache des Bundespräsidenten bei der Verleihung des Heinrich-Heine-Preises der Stadt Düsseldorf am 13. Dezember 1991, In: Bulletin der Bundesregierung, hrsg. vom Presse- und Informationsamt, Nr. 143 vom 17. Dezember 1991.

Wielenga, Frieso: Schatten der deutschen Geschichte. Der Umgang mit dem Nationalsozialismus und der DDR-Vergangenheit in der Bundesrepublik Deutschland, In: DA 10/1994.

Wilke, Manfred: Die deutsche Einheit und die Geschichtspolitik des Deutschen Bundestages, In: DA 4/1997.

Literatur

Adorno, Theodor W.: Was bedeutet: Aufarbeitung der Vergangenheit [1959], In: Ders.: Gesammelte Schriften, Bd. 10. 2, Frankfurt a. M. 1977.

Arendt, Hannah: Elemente und Ursprünge totaler Herrschaft. Antisemitismus, Imperialismus, Totalitarismus, München [6]1998.

Aron, Raymond: Über Deutschland und den Nationalsozialismus. Frühe politische Schriften 1930–1939, hrsg. von Joachim Stark, Opladen 1993.

Backes, Uwe: Liberalismus und Demokratie – Antinomie und Synthese. Zum Wechselverhältnis zweier politischen Strömungen im Vormärz, Düsseldorf 2000.

Bahners, Patrick / Cammann, Alexander (Hrsg.): Bundesrepublik und DDR. Die Debatte um Hans-Ulrich Wehlers „Deutsche Gesellschaftsgeschichte“, München 2009.

Bauerkämper, Arndt (Hrsg.): Doppelte Zeitgeschichte. Deutsch-deutsche Beziehungen 1945–1990, Bonn 1998.

Bessel, Richard / Jessen, Ralf (Hrsg.): Die Grenzen der Diktatur, Staat und Gesellschaft in der DDR, Göttingen 1996.

Bender, Gert / Falk, Ulrich (Hrsg.): Recht im Sozialismus. Analysen zur Normendurchsetzung in osteuropäischen Nachkriegsgesellschaften (1944/45 – 1989), Frankfurt a. M. 1999.

Berthold, Werner (Hrsg.): Kritik der bürgerlichen Geschichtsschreibung, Köln [4]1977.

Bisky, Lothar / Heuer, Uwe-Jens / Schumann, Michael (Hrsg.): „Unrechtsstaat“?, Politische Justiz und die Aufarbeitung der DDR-Vergangenheit, Hamburg 1994.

Bracher, Karl Dietrich: Zeitgeschichtliche Kontroversen um Faschismus, Totalitarismus, Demokratie, München / Zürich [5]1984.

Buchheim, Hans: Totalitäre Herrschaft. Wesen und Merkmale, München [2]1962.

Burckhardt, Jacob: Weltgeschichtliche Betrachtungen, hrsg. von Jacob Oeri, Berlin / Stuttgart 1905.

D'Azeglio, Taparelli: Versuch eines auf Erfahrung begründeten Naturrechts, Übers. von Fridolin Schöttl und Carl Rinecker, 2 Bde., Regensburg 1845, Bd. 1.

Deutscher Bundestag (Hrsg.): Materialien der Enquete-Kommission „Aufarbeitung von Geschichte und Folgen der SED-Diktatur in Deutschland“, Baden-Baden 1995, Bd. 1 und 9.

Deutscher Bundestag (Hrsg.): Materialien der Enquete-Kommission „Überwindung der Folgen der SED-Diktatur im Prozess der deutschen Einheit“, Baden-Baden 1999, Bd. 1.

Drechsler, Ingrun / Faulenbach, Bernd / Gutzeit, Martin et al.: Getrennte Vergangenheit, gemeinsame Zukunft IV. Das SED-Regime in vergleichender Perspektive und die Bedeutung seiner Aufarbeitung, Bd. 4, München 1997.

Dreier, Horst: Naturrecht und Rechtspositivismus. Pauschalurteile, Vorurteile, Fehlurteile. In: Wilfried Härle, Bernhard Vogel (Hrsg.): „Vom Rechte, das mit uns geboren ist“, Aktuelle Probleme des Naturrechts, Freiburg 2008.

Elm, Ludwig: Das verordnete Feindbild. Neue deutsche Geschichtsideologie und „antitotalitärer Konsens“, Köln 2001.

– „Zwei Diktaturen“ – „zwei totalitäre Regimes“, Die Enquete-Kommission des Bundestages und der konservative Geschichtsrevisionismus der neunziger Jahre, In: Johannes Klotz, Ulrich Schneider (Hrsg.): Die selbstbewusste Nation und ihr Geschichtsbild. Geschichtslegenden der Neuen Rechten – Faschismus. Holocaust. Wehrmacht, Köln 1997.

Engler, Wolfgang: Die zivilisatorische Lücke, Versuche über den Staatssozialismus, Frankfurt a. M. 1993.

Falser, Michael: Zwischen Identität und Authentizität. Zur politischen Geschichte der Denkmalpflege in Deutschland, Dresden 2008.

Faulenbach, Bernd: Acht Jahre deutsch-deutsche Vergangenheitsdebatte – Aspekte einer kritischen Bilanz, In: Christoph Kleßmann, Hans Misselwitz, Günter Wichert (Hrsg.): Deutsche Vergangenheiten – eine gemeinsame Herausforderung. Der schwierige Umgang mit der doppelten Nachkriegsgeschichte, Berlin 1999.

– Probleme des Umgangs mit der Vergangenheit im vereinten Deutschland: Zur Gegenwartsbedeutung der jüngsten Geschichte, In: Werner Weidenfeld (Hrsg.): Deutschland. Eine Nation – doppelte Geschichte, Materialien zum deutschen Selbstverständnis, Köln 1993.

– Die doppelte „Vergangenheitsbewältigung“. Nationalsozialismus und Stalinismus als Herausforderung zeithistorischer Forschung und politischer Kultur, In: Jürgen Danyel (Hrsg.): Die geteilte Vergangenheit. Zum Umgang mit Nationalsozialismus und Widerstand in beiden deutschen Staaten, Berlin 1995.

– Jelich, Franz-Josef (Hrsg.): „Asymmetrisch verflochtene Parallelgeschichte?“. Die Geschichte der Bundesrepublik und der DDR in Ausstellungen, Museen und Gedenkstätten, Essen 2005.

Friedrich, Carl Joachim: Totalitäre Diktatur, Stuttgart 1957.

Friedrich, Wolfgang-Uwe (Hrsg.): Die totalitäre Herrschaft der SED. Wirklichkeit und Nachwirkungen, München 1998.

Fröhlich, Claudia: »Wider die Tabuisierung des Ungehorsams«. Fritz Bauers Widerstandsbegriff und die Aufarbeitung von NS-Verbrechen, Frankfurt a.M. / New York 2006.

Glaeßner, Gert-Joachim: Kommunismus – Totalitarismus – Demokratie. Studien zu einer säkularen Auseinandersetzung, Frankfurt a.M. 1995.

Großbölting, Thomas: Zwischen „Sonnenallee", „Schurkenstaat" und Desinteresse – Aporien im Umgang mit der DDR-Vergangenheit im wiedervereinigten Deutschland, In: Ders., Dirk Hoffmann (Hrsg.): Vergangenheit in der Gegenwart. Vom Umgang mit Diktaturerfahrungen in Ost- und Westeuropa, Göttingen 2008.

Gutachten für die Enquete-Kommission „Aufarbeitung der Geschichte und Bewältigung von Folgen der SED-Diktatur und des Übergangs in einen demokratischen Rechtsstaat im Land Brandenburg" (EK 5/1). Themenbereich III – Personalpolitik – zwischen Kontinuität und Elitenaustausch. „Personelle Kontinuität und Elitenwandel in Landtag, Landesregierung und -verwaltung des Landes Brandenburg", Auftraggeber: Landtag Brandenburg, Enquete-Kommission „Aufarbeitung der Geschichte und Bewältigung von Folgen der SED-Diktatur und des Übergangs in einen demokratischen Rechtsstaat im Land Brandenburg", Gutachter: Gisela Rüdiger, Potsdam; Dr. Hanns-Christian Catenhusen, Berlin; Potsdam, den 1. Juni 2011.

Hauer, Andreas: Ruhe, Ordnung, Sicherheit, Wien 2000.

Henrich, Rolf: Der vormundschaftliche Staat. Vom Versagen des real existierenden Sozialismus, Hamburg 1989.

Herbert, Ulrich: Der Historikerstreit. Politische, wissenschaftliche, biographische Aspekte, In: Martin Sabrow et al. (Hrsg.): Zeitgeschichte als Streitgeschichte. Große Kontroversen nach 1945, München 2003.

Heuer, Uwe-Jens / Riege, Gerhard (Hrsg.): Der Rechtsstaat – eine Legende? Erfahrungen zweier Rechtswissenschaftler 1990/91 in Volkskammer und Bundestag, Baden-Baden 1992.

– (Hrsg.): Im Streit. Ein Jurist in zwei deutschen Staaten, Baden-Baden 2002.

Heydemann, Günther: Integraler und sektoraler Vergleich – Zur Methodologie der empirischen Diktaturforschung, In: Ders., Eckard Jesse (Hrsg.): Diktaturvergleich als Herausforderung, Theorie und Praxis, Berlin 1998.

– Die Innenpolitik der DDR, München 2003.

– Oberreuter, Heinrich (Hrsg.): Diktaturen in Deutschland – Vergleichsaspekte, Bonn 2003.

Hüttmann, Jens / Mählert, Ulrich / Pasternack, Peer (Hrsg.): DDR-Geschichte vermitteln. Ansätze und Erfahrungen in Unterricht, Hochschullehre und politischer Bildung, Berlin 2004.

Jarausch, Konrad H.: Die Zukunft der ostdeutschen Vergangenheit – Was wird aus der DDR-Geschichte?, In: Jens Hüttmann, Ulrich Mählert, Peer Pasternack (Hrsg.): DDR-Geschichte vermitteln. Ansätze und Erfahrungen in Unterricht, Hochschullehre und politischer Bildung, Berlin 2004.

Jesse, Eckhard (Hrsg.): Totalitarismus im 20. Jahrhundert. Eine Bilanz der internationalen Forschung, Bonn [2]1999.

– Der Totalitarismusbegriff: Inhaltsbestimmung und Entwicklungsgeschichte, In: Ludger Kühnhardt, Alexander Tschubarjan (Hrsg.): Rußland und Deutschland auf dem Weg zum antitotalitären Konsens, Baden-Baden 1999.

– Diktaturen in Deutschland. Diagnosen und Analysen, Baden-Baden 2008.

Kaelble, Hartmut (Hrsg.): Der historische Vergleich. Eine Einführung zum 19. und 20. Jahrhundert, Frankfurt a. M. / New York 1999.

Kailitz, Steffen (Hrsg.): Schlüsselwerke der Politikwissenschaft, Wiesbaden 2007.

Keller, Dietmar (Hrsg.): Ansichten zur Geschichte der DDR, Bd. 4, Bonn 1994.

Kershaw, Ian (Hrsg.): Der NS-Staat. Geschichtsinterpretationen und Kontroversen im Überblick, Reinbek [2]1994.

Keßler, Mario: Heroische Illusion und Stalin-Terror, Beiträge zur Kommunismus-Forschung, Hamburg 1999.

Kielmansegg, Peter Graf: Krise der Totalitarismustheorie?, In: Manfred Funke (Hrsg.): Totalitarismus. Ein Studien-Reader zur Herrschaftsanalyse moderner Diktaturen, Düsseldorf 1978.

Kinkel, Klaus, In: 40 Jahre SED-Unrecht. Eine Herausforderung für den Rechtsstaat, Sonderheft der Zeitschrift für Gesetzgebung, 1991.

Kirchheimer, Otto: Politische Justiz, Neuwied und Berlin 1965.

– (Hrsg.): Politische Herrschaft. Fünf Beiträge zur Lehre vom Staat, Frankfurt a.M. 1967.

Klenner, Hermann: Vorwärts, doch nicht vergessen: Die Babelsberger Konferenz von 1958, In: Utopie kreativ, Heft 174, (April 2005), S. 291–305.

Kleßmann, Christoph: Spaltung und Verflechtung – Ein Konzept zur integrierten Nachkriegsgeschichte 1945 bis 1990, In: Christoph Kleßmann, Peter Lautzas (Hrsg.): Teilung und Integration, Bonn 2005.

– (Hrsg.): Die doppelte Staatsgründung. Deutsche Geschichte 1945–1955, Bonn 1991.

Kocka, Jürgen (Hrsg.): Vereinigungskrise. Zur Geschichte der Gegenwart, Göttingen 1995.

Kramer, Rolf: Soziale Gerechtigkeit: Inhalt und Grenzen, Berlin 1992.

Kühnhardt, Ludger et al. (Hrsg.): Die doppelte deutsche Diktaturerfahrung. Drittes Reich und DDR – ein historisch politikwissenschaftlicher Vergleich, Frankfurt a.M. 1994.

– Tschubarjan, Alexander (Hrsg.): Rußland und Deutschland auf dem Weg zum antitotalitären Konsens, Baden-Baden 1999.

Kühnl, Reinhard: Der deutsche Faschismus in Quellen und Dokumenten, Köln ^{7}2000.

– Faschismustheorien. Texte zur Faschismusdiskussion 2. Ein Leitfaden, Heilbronn 1990.

Lemke, Christiane: Die Ursachen des Umbruchs 1989. Politische Sozialisation in der ehemaligen DDR, Opladen 1991.

Lepsius, M. Rainer: Plädoyer für eine Soziologisierung der beiden deutschen Diktaturen, In: Christian Jansen, Lutz Niethammer, Bernd Weisbrod (Hrsg.): Von der Aufgabe der Freiheit. Politische Verantwortung und bürgerliche Gesellschaft im 19. und 20. Jahrhundert. Festschrift für Hans Mommsen, Berlin 1995.

Lindenberger, Thomas (Hrsg.): Herrschaft und Eigen-Sinn in der Diktatur. Studien zur Gesellschaftsgeschichte der DDR, Köln 1999.

– Alltagsgeschichte und ihr möglicher Beitrag zu einer Gesellschaftsgeschichte der DDR, In: Richard Bessel, Ralf Jessen (Hrsg.): Die Grenzen der Diktatur, Staat und Gesellschaft in der DDR, Göttingen 1996.

Lüdtke, Alf: „Helden der Arbeit" – Mühen beim Arbeiten. Zur missmutigen Loyalität von Industriearbeitern in der DDR, In: Hartmut Kaelble, Jürgen Kocka, Hartmut Zwahr (Hrsg.): Sozialgeschichte der DDR, Stuttgart 1994.

Mampel, Siegfried: Versuch eines Ansatzes für eine Theorie des Totalitarismus, In: Konrad Löw (Hrsg.): Totalitarismus, Berlin 1988.

Mählert, Ulrich (Hrsg.): Vademekum DDR-Forschung. Ein Leitfaden zu Archiven, Forschungsinstituten, Bibliotheken, Einrichtungen der politischen Bildung, Vereinen, Museen und Gedenkstätten, Berlin 2002.

Mayer, Otto: Deutsches Verwaltungsrecht, 2 Bde., Berlin 1924, Neudruck 2004.

Meckel, Markus: Demokratische Selbstbestimmung als Prozess. Die Aufgabe der Politik bei der Aufarbeitung der DDR-Vergangenheit, In: Ders., Bernd Faulenbach, Hermann Weber (Hrsg.): Die Partei hatte immer recht – Aufarbeitung von Geschichte und Folgen der SED-Diktatur, Essen 1994.

Meuschel, Sigrid: Legitimation und Parteiherrschaft. Zum Paradox von Stabilität und Revolution in der DDR 1945–1989, Frankfurt a. M. 1992.

Möll, Marc-Pierre: Gesellschaft und totalitäre Ordnung. Eine theoriegeschichtliche Auseinandersetzung mit dem Totalitarismus, Baden-Baden 1998.

Möller, Horst / Kocka, Jürgen: Nationalsozialismus und SED-Diktatur, In: Materialien der Enquete-Kommission „Aufarbeitung von Geschichte und Folgen der SED-Diktatur in Deutschland", (12. Wahlperiode des Deutschen Bundestages). Hrsg. vom Deutschen Bundestag, 9 Bde. in 18 Teilbänden, Baden-Baden / Frankfurt a. M. 1995, Bd. 9.

– Sind nationalsozialistische und kommunistische Diktaturen vergleichbar? In: Potsdamer Bulletin für Zeithistorische Studien, Nr. 2, 1994.

Montesquieu, Charles-Louis de: De l'esprit des lois / Vom Geist der Gesetze, Genf 1748, 2. Buch.

Neumann, Franz Leopold: Demokratischer und autoritärer Staat. Studien zur politischen Theorie, Frankfurt a. M. 1986 (ND).

Nipperdey, Thomas: Historismus und Historismuskritik heute, In: Eberhard Jäckel, Ernst Weymar (Hrsg.): Die Funktion der Geschichte in unserer Zeit. Festschrift für Karl Dietrich Erdmann zum 65. Geburtstag, Stuttgart 1975.

Nooke, Günter: Aufklärung und Verklärung, In: Christian Striefelder, Wolfgang Templin (Hrsg.): Die Wiederkehr des Sozialismus. Die andere Seite der Wiedervereinigung, Berlin 1996.

Partsch, Karl Josef: Die Rechte und Freiheiten der europäischen Menschenrechtskonvention. Sonderdruck aus dem Handbuch „Die Grundrechte", Bd. 1, Berlin 1966.

Pasternack, Peer: Gelehrte DDR. Die DDR als Gegenstand der Lehre an deutschen Universitäten 1990–2000. Hrsg. von HoF Wittenberg, Wittenberg 2001.

Peschel-Gutzeit, Lore Maria / Geigle, Birgit: Die Bedeutung des Nürnberger Juristenprozesses für die justizielle Bearbeitung der DDR-Vergangenheit, In: Helmut König, Michael Kohlstruck, Andreas Wöll (Hrsg.): Vergangenheitsbewältigung am Ende des zwanzigsten Jahrhunderts, Opladen 1998.

Petersen, Jens: Die Geschichte des Totalitarismus in Italien, In: Hans Maier (Hrsg.): ‚Totalitarismus' und ‚Politische Religionen'. Konzepte des Diktaturenvergleichs, Paderborn 1996.

Politikwissenschaftliches Gutachten zum Thema: Schlüsselentscheidungen und Entwicklungspfade der politischen Transformation und Entwicklung in Brandenburg im Vergleich zu den anderen neuen Ländern für die Enquete-Kommission 5/1 „Aufarbeitung der Geschichte und Bewältigung von Folgen der SED-Diktatur und des Übergangs in einen demokratischen Rechtsstaat im Land Brandenburg" des Landtages Brandenburg, Gutachter: Prof. Dr. Astrid Lorenz, Universität Leipzig; Prof. Dr. Andreas Anter, Universität Leipzig; Prof. Dr. Werner Reutter, FU Berlin; Potsdam, den 5. November 2012.

Preuß, Ulrich K. (Hrsg.): Legalität und Pluralismus. Beiträge zum Verfassungsrecht der Bundesrepublik Deutschland, Frankfurt a.M. 1973.

Raschka, Johannes: Justizpolitik im SED-Staat. Anpassungen und Wandel des Strafrechts während der Amtszeit Honeckers, Univ. Diss. TU Dresden, Böhlau 2000.

Richter, Wolfgang (Hrsg.): Unfrieden in Deutschland. Enteignung der Ostdeutschen, Weissbuch Bd. 6, Berlin 1999.

Rudnick, Carola S.: Die andere Hälfte der Erinnerung. Die DDR in der deutschen Geschichtspolitik nach 1989, Bielefeld 2011, zugl. Univ. Diss. Lüneburg 2009.

Sabrow, Martin / Eckert, Rainer / Flacke, Monika et al. (Hrsg.): Wohin treibt die DDR-Erinnerung? Dokumentation einer Debatte, Bonn 2007.

– (Hrsg.): Bewältigte Diktaturvergangenheit? 20 Jahre DDR-Aufarbeitung, Leipzig 2010.

Schlangen, Walter: Die Totalitarismus-Theorie. Entwicklung und Probleme, Stuttgart 1976.

Schmiechen-Ackermann, Detlef: Diktaturen im Vergleich, Darmstadt 2002.

Schneider, Ulrich / Klotz, Johannes (Hrsg.): Die selbstbewusste Nation und ihr Geschichtsbild. Geschichtslegenden der Neuen Rechten – Faschismus. Holocaust. Wehrmacht, Köln 1997.

Schöngarth, Michael: Die Totalitarismusdiskussion in der neuen Bundesrepublik 1990 bis 1995, Köln 1996.

Sélitrenny, Rita (Hrsg.): Doppelte Überwachung. Geheimdienstliche Ermittlungsmethoden in den DDR-Untersuchungshaftanstalten, Berlin 2003.

Sobota, Katharina: Das Prinzip Rechtsstaat: verfassungs- und verwaltungsrechtliche Aspekte, Habil. Schrift, Jena 1995.

Stahl, Friedrich Julius: Die Philosophie des Rechts, 2 Bde., Berlin ^{5}1878.

Stammer, Otto: Dictatorship, In: David Lawrence Sills (Hrsg.): International Encyclopedia of the Social Sciences, Vol. 4, New York 1968. Die erhaltene deutsche Ursprungsfassung bezieht sich auf ein hektographiertes Typoskript von 1967. Abgedruckt bei: Detlef Schmiechen-Ackermann: Diktaturen im Vergleich, Darmstadt 2002.

Timmermann, Heiner: DDR-Forschung. Bilanz und Perspektiven, In: Dokumente und Schriften der Europäischen Akademie Otzenhausen, Bd. 76, Berlin 1995.

Tuchel, Johannes (Hrsg.): Der vergessene Widerstand. Zu Realgeschichte und Wahrnehmung des Kampfes gegen die NS-Diktatur (= Dachauer Symposien zur Zeitgeschichte; Bd. 5), Göttingen 2005.

Vereinigung der Deutschen Staatsrechtslehrer (Hrsg.): Der Rechtsstaat und die Aufarbeitung der vor-rechtsstaatlichen Vergangenheit, Berichte und Diskussionen auf der Tagung der Vereinigung der Deutschen Staatsrechtslehrer in Gießen vom 2. bis 5. Oktober 1991.

Weber, Max: Wirtschaft und Gesellschaft. Grundriss der verstehenden Soziologie, Zweiter Halbband, Tübingen 1972.

Wehler, Hans-Ulrich: Deutsche Gesellschaftsgeschichte. Bundesrepublik Deutschland und DDR 1949–1990, Bd. 5, München 2008.

Weizsäcker, Richard von: Brücken zur Verständigung, Berlin 1990.

Wippermann, Wolfgang: Totalitarismustheorien. Die Entwicklung der Diskussion von den Anfängen bis heute, Darmstadt 1997.

– Wessen Schuld? Vom Historikerstreit zur Goldhagen-Kontroverse, Berlin 1997.

Wolfrum, Edgar: Geschichtspolitik in der Bundesrepublik Deutschlands. Der Weg zur bundesrepublikanischen Erinnerung 1948–1990, Darmstadt 1999, zugl. Habil. Schrift TU Darmstadt 1999.

Wissenschaftliche Hilfsmittel

Andersen, Uwe / Wichard, Woyke (Hrsg.): Handwörterbuch des politischen Systems der Bundesrepublik Deutschland, Bonn [6]2009.

Creifelds, Carl (Hrsg.): Rechtswörterbuch, München [20]2011.

Drechsler, Hanno / Hilligen, Wolfgang / Neumann, Franz (Hrsg.): Gesellschaft und Staat. Lexikon der Politik, München [10]2003.

Görres-Gesellschaft (Hrsg.) Staatslexikon für Recht, Wirtschaft, Gesellschaft, Freiburg im Breisgau [7]1988.

Gräber-Seißinger, Ute et al.: Duden Recht A-Z: Fachlexikon für Studium, Ausbildung und Beruf, Mannheim 2007.

Greiffenhagen, Martin und Sylvia (Hrsg.): Handwörterbuch zur politischen Kultur der Bundesrepublik Deutschland, Wiesbaden ²2002.

Kammer, Hilde / Bartsch, Elisabeth (Hrsg.): Jugendlexikon Politik, Hamburg ³2010.

Rechtslexikon, Hrsg. vom Staatsverlag der DDR, Berlin 1988.

Schubert, Klaus / Klein, Martina (Hrsg.): Politiklexikon, Bonn ⁴2006.

Tilch, Horst / Arloth, Frank (Hrsg.): Deutsches Rechts-Lexikon, München ³2001.

Zeitungen

Bäumel, Matthias: Diktaturen erzeugen seit jeher Anpassung und Widerstand, In: Dresdner Neueste Nachrichten vom 19. März 1992.

Gegen Verjährung politischer Straftaten, In: Süddeutsche Zeitung vom 24. September 1991.

Hofmann, Gunther: Mühsamer Prolog der Deutschen, In: Die Zeit, Nr. 13 vom 20. März 1992, S. 10.

Krauel, Torsten: ohne Titel, In: Rheinischer Merkur, Bd. 48, Nr. 44 vom 29. Oktober 1993.

Nolte, Ernst: Vergangenheit, die nicht vergehen will. Eine Rede, die geschrieben, aber nicht gehalten werden konnte, In: FAZ vom 6. Juni 1986.

Rüthers, Bernd: Das Scheitern des „Frühsozialismus“ als Ausflucht, In: FAZ vom 7. November 1990.

Wallbaum, Klaus: Wissenschaftler streiten über die Erforschung der SED-Diktatur, In: Hannoversche Allgemeine Zeitung vom 30. September 1991.

www.ingramcontent.com/pod-product-compliance
Ingram Content Group UK Ltd.
Pitfield, Milton Keynes, MK11 3LW, UK
UKHW021902290926
8980IPUK00015B/1010

9 783631 664292